りごころ″につき動かされ

——モダンダンス創作ひと筋に

棚橋鮎子

第43回発表会フィナーレ(2001)

現代舞踊東北合同公演(能代市)(1997)

全国舞踊コンクール
上位入賞を
重ねた人たち

荒川美保、棚橋絵里奈

大川妙子

棚橋　絵里奈

珍田　優奈

京　みのり

伊藤　颯希

想い出多い作品

国民文化祭を祝う〝文化フェスティバル〟

現代舞踊フェスティバル優秀賞受賞作品（東京・新国立劇場）

全国舞踊コンクール　児童部

「のしろ子ども七夕」にも40数年間協力

全国植樹祭オープニング作品（2008）

全国植樹祭バレエスクール出演メンバー集合

ロシア（旧ソ連）少年少女モスクワ日本祭で（1986）

フラメンコのスタジオ開設（2000～）

棚橋　絵里奈

李先生・石井はるみ先生一行を迎えて（2014）

「ねんりんピック」振付、参加（2017.9）

スタジオ開設の頃

20代

40代

子育てと仕事と

30代

50代

60代

地域文化功労者表彰の頃

70代

目次

〝踊りごころ〟につき動かされ

■公演デビュー

■わらび座と出会う

■入賞、入選に自信得て

■年譜

■踊ること、創ること

体が自然に動きだす

踊りが好きな子はすぐ分かります。音楽が鳴りだすと、黙っていられない。体が自然に動きだすんです。

私も幼い頃、父の弾くアコーディオンに合わせて勝手に踊っていたそうです。血は争えないもので、長女の絵里奈（55）＝能代市＝も2、3歳の頃から「バッグを持つ踊り」「何も持たない踊り」など、即興でいろいろ見せてくれました。

自分の思いや感情を体で表現する「洋舞」は、およそ１００年前に誕生しました。草創期に活躍した舞踊家には三種町出身の石井漠をはじめ、東北出身者がたくさんいます。私が上京後師事した江口隆哉先生は青森、宮操子先生は岩手の出身でした。東北人は口が重いと言われますが、その分、体で表現しようとするのかもしれません。

踊ることと同じぐらい好きだったのが「創る」ことです。20歳で地元能代にバレエスクールを開いてからは、創ることに軸足を置いてきました。

創り手には想像力が必要です。私が物心ついた頃は戦争中で物のない時代でした。疎開先の家の窓から風に揺れる木の動きを見ながらいろいろな物語を思い描いたり、母がかつて見た石井漠の舞台の様子を子どもなりに空想してみたり。何もない中で想像を巡らせる力が育っていったような気がします。

スクール開設から今年で60年目を迎えました。10年目に生徒数は延べ2千人を超えましたが、その後は数えていません。かつての教え子の子どもや孫が習いに来ることもあります。若いスタッフに指導を任せることも増えましたが、今も生徒たちを見ていると次々とイメージが湧いてきます。振り付けから音楽、舞台装置、演出、衣装、照明…。生徒がいる限り、私の創作に終わりはありません。

自宅に設けたスタジオで生徒たちの練習を見守る＝2016年10月19日

娘の絵里奈と共に

■ 能代に生まれ育つ

ハイカラだった父親

父棚橋義雄と母タケ（旧姓小林）は共に南秋田郡出身です。父は土崎港町（現秋田市土崎港）、母は大久保町（現潟上市昭和大久保）。近所とは言えませんでしたが、結婚前から互いに見知っていたようです。今で言う恋愛結婚だったのでしょうけど、照れくさいのか、なれ初めについては2人とも話してくれませんでした。

棚橋の家はもともと新潟の出です。祖父友三郎と祖母タマは故郷を出て函館に渡りますが、父が生まれた1910（明治43）年には土崎港町に家を構え、祖父が水先案内人、祖母が穀物商を営んでいました。祖父母には5人の子どもがいて、父は4番目。上に兄と2人の姉、下に弟がいました。

父は尋常高等小学校を出てから一度会社勤めをしたそうですが、どうしても絵描きになりたくって、ある日家を出てしまいました。庭の物干し竿（ざお）に掛けていた白かすりの着物をぱっと羽織って、そのまま東京に向かったとか。東京では秋田県出身の弁護士の元で書生のようなことをしたり、兄の仕事を手伝ったりしながら、「太平洋画会」（現太平洋美術会）の研究所に通っていたといいます。

大正から昭和にかけての東京には若者文化があふれていました。新しいダンスや音楽が流行し、舞踊家の石井漠（1886〜1962年、三種町出身）が出演していた浅草オペラはとても人気があったといいます。

父も若者が集まる場所に出入りして、時代の空気にどっぷり浸っていたのでしょう。すっかりハイカラ好きなモダンボーイになってしまい、浮世離れした性向はずっと変わりませんでした。

1歳の頃、母タケ（手前左端）に抱かれて。後ろは父義雄＝1938年

そんな父に代わり、家庭と家業を守り続けたのは母タケです。父より4歳下の1914（大正3）年生まれ。大正モダンの影響で、秋田高等女学校（現秋田北高）時代は吉屋信子の小説などを愛する文学少女だったといいます。帰郷した父と結婚したのは33年、19歳の時でした。

伯父は著名な活動家

父義雄は業界紙の記者でした。１９３３（昭和８）年に母タケと結婚する前、父の兄、貞雄が経営する木材通信社（本社東京）に採用されたそうです。

父と貞雄おじさんは11歳離れていて、外見も性格も全く違いました。背が高い父は親戚の子どもたちから「のっぽおじさん」、伯父は「でぶおじさん」と呼ばれていました。

自由人だった父に対し、伯父は独学で大学に進学するなど上昇志向が強かったそうです。私にとっては三輪車などすてきなお土産をくれる優しいおじさんでしたが、若い頃は労農運動の活動家で、逮捕されたこともあったと後で知りました。

〈棚橋貞雄は１８９９（明治32）年、函館生まれ。１９２５年（大正14）年、土崎港町（現秋田市土崎港）で土崎労働者連合会（後の土崎合同労組）を組織。翌年には東北初のメーデーを成功させる。28（昭和３）年、全国で共産党関係者が一斉に摘発された３・１５事件の際に逮捕された〉

逮捕後、伯父は活動をやめて実業家に転身したといわれていますが、私のいとこ（棚橋正博・元帝京大教授）によると、転向は形だけと指摘する研究者もいるそうです。本当のところは分かりませんが、伯父の新聞社は順調で、青森や能代にも支局がありました。

父と母は結婚して青森支局に行きますが、その前に母は貞雄おじさんの奥さんの診療所を手伝っていたそうです。

母の義姉に当たる勝子（旧姓原城）は北海道出身で、東京女子医学専門学校（現東京女子医科大学）で学んだ後、秋田赤十字病院に勤めました。でも活動家だった貞雄おじさんと結婚したことで病院を解雇され、土崎港町に小児科を開いたんだそうです。2人の結婚は当時の新聞にも取り上げ

業界紙を経営していた頃の伯父貞雄＝1940年代

られました。

貞雄おじさんの活動を支え続けた勝子おばさんでしたが、結核にかかり、33年に34歳で亡くなります。私が生まれる4年前のことでした。

外国風の名前を断念

父義雄は母タケとの結婚後、木材通信社の記者として青森市の青森支局に赴任しました。しばらく子どもが生まれませんでしたが、犬を飼ったり、ねぶたに参加したりして楽しい新婚時代だったようです。やがて能代港町（現能代市）に異動し、私が生まれます。１９３７（昭和12）年のことです。

同じ年、町中心部の柳町に現在も残る料亭「金勇（かねゆう）」の新館が完成しました。私の家から近く、幼稚園の行き帰りには毎日のように「金勇」の庭で友達と遊んでいました。今は市の所有となりましたが、天然秋田杉をふんだんに使った広間などは本当に見事で、まさしく木都を象徴する建物だと思います。当時の能代は木材産業が盛んで本当に活気がありました。

〈能代地域は藩政時代から天然秋田杉の集散地として栄え、明治に入ると県外資本の製材会社が進出。１８９７（明治30）年、実業家の井坂直幹（１８６０～１９２１年）

が能代挽材合資会社を設立、国内初の製材機導入により量産体制が整った。国内外に秋田材を供給する一大基地となった能代は「東洋一の木都」と称された〉

父は業界紙の記者として、製材業者や海外からの研修員を取材したり、伐採現場の視察に出掛けたりしていたそうです。でも私が生まれて間もなく新聞社を辞めて、飲食店を始めました。たぶん社長が兄とはいえ、雇われるのが向いていなかったのでしょう。でも記者という仕事は面白かったようです。よく「ペンで権力と戦う記者は無冠の帝王だ」と言っていました。

当時の能代には、業界紙や全国紙などの支局があり、父が新聞社を辞めた後も記者仲間とのお付き合いが続いていました。私の名前を外国風に「明里」にしたいと父が言い出した時も、「アメリカと戦争が始ま

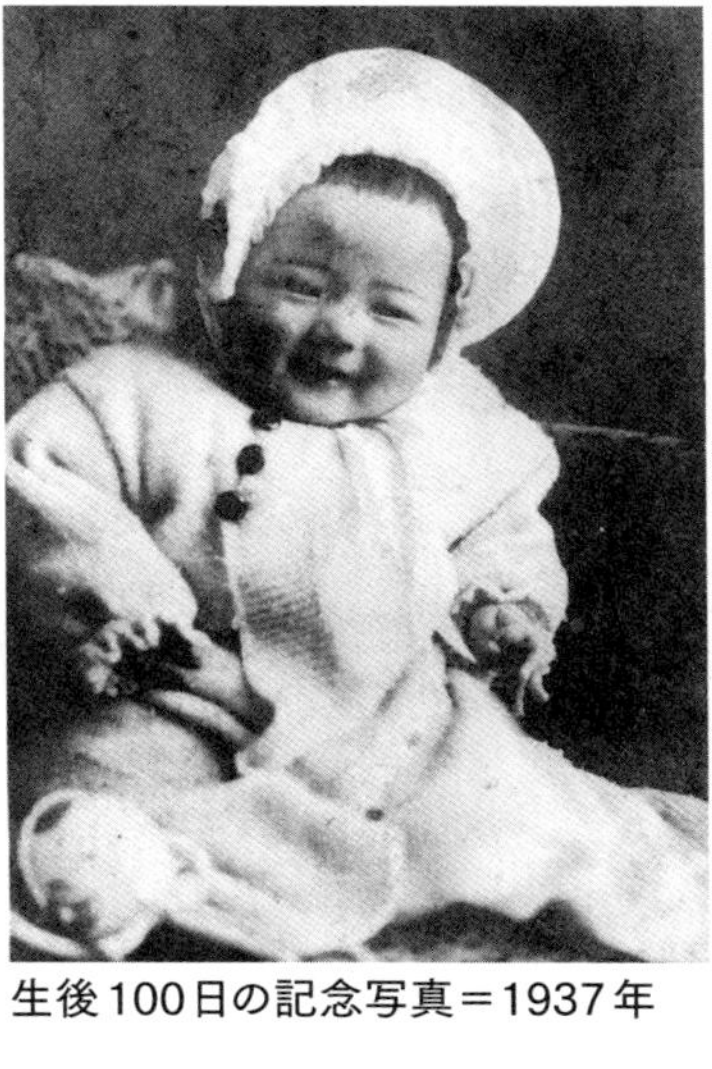

生後100日の記念写真＝1937年

ろうという時に」と反対したのはその友人たちだそうです。結局、父がアユ釣りに夢中になっていたこともあって「鮎子」になりました。

2歳の頃、母と

わらぐつ履き東京へ

私が生まれた1937（昭和12）年、父は今で言う脱サラをして能代港町（現能代市）柳町の繁華街で「鞍馬（くらま）」というすし店を始めました。

弁慶みたいながっちりした体格の職人を雇って、ほかにも従業員がいました。数年もすると食糧不足で店は苦境に陥るのですが、開業当時は繁盛していました。父は事業を興す才能があったのかもしれません。でも経営は母に任せ、好きなアユ釣りなどに出掛けることが多かったようです。

渟城幼稚園に入った41（昭和16）年、太平洋戦争が始まりました。でもまだ戦時という雰囲気はなく、ハイカラ好きな父に連れられて家族で何度か東京に遊びに行ったのもこの頃です。そういえば一度、わらぐつ姿で銀座を歩かされたことがありました。もちろん普段は履きません。父のいたずらで、東京の人たちが私のわらぐつに注目したり、驚いたりするのを見たかったようです。

父の意向なのか、幼い頃の私はボーイッシュな格好をさせられていました。髪形は坊ちゃん刈りみたいに短くて、服もグレーや紺とか。おかげで近所の人には風変わりな家族だと思われていたようです。

「鮎子」と名付けられた私ですが、アユのぴちぴちとしたイメージとは裏腹に、家の中でじっと絵本を読んでいる無口な子でした。でも父がアコーディオンを弾くと、それに合わせて勝手に踊っていたそうです。

踊ることの楽しさをさらに引き出してくれたのが、渟城幼稚園の先生たちでした。後に「母の詩の会」を設立し、詩人として活躍した柏原いし先生（故人）もその一人です。私が踊っているのを見て「この子には踊り心がある」と言って、発表会などでしばしば引き立ててく

幼稚園の頃、両親と一緒に行った上野動物園で

れました。

　この頃、初めて大勢の人の前でソロを披露しました。世の中は少しずつ戦時色が強まってきて、踊りも戦争をテーマにしたものでした。

飛行士の踊りを披露

東雲（しののめ）飛行場（能代飛行場）があった能代市には戦時中、大勢の兵隊がいました。料亭「金勇（かねゆう）」も宿舎の一つで、私の通う渟城幼稚園が慰問のため何度か訪れました。

会場は、2階にある天然秋田杉の格天井が見事な大広間。私は飛行士の格好で「青空部隊」という踊りを披露したのですが、将校たちが涙を流していたのを覚えています。自分の子どものことを思い出したのかもしれません。後で上座にいた将校に呼ばれ、階級章を頂きました。

ほかにも米の供出農家や伐採作業員を慰問しました。当時の新聞記事によると、父のアコーディオンに合わせて踊ったり、トロッコに乗って天然秋田杉の産地だった仁鮒（旧二ツ井町）まで行ったりしていたようです。

1944（昭和19）年、渟城第一国民学校（後の渟城第一小、現在の渟城西小）に入った頃から世の中は戦争一色となりました。食べ物も何も手に入らない、友達の家に遊びに行っても畳が上げられて誰もいない…。クラスの友達がどんどん疎開し、男の先生たちも召集されていなくなりました。

学校に行っても勉強するのはほんの少しで、後はずっと避難訓練です。先生の合図に合わせてグラウンドに逃げたり、机の下に隠れたり。必勝祈願のため、はだしで近くの神社にお参りに行くこともありました。あられが降って、地面は凍っているのに。もう泣きましたね。男の子たちも半べそでした。

翌年、隣町の桧山に疎開しますが、3カ月後に終戦を迎えます。幸い父は召集されませんでしたが、父の兄、貞雄おじさんは45（昭和20）年3月の東京大空襲で亡くなりました。

戦争が終わってほっとしましたが、すぐ

慰問活動を前にアコーディオンを練習する父と＝1944年

に両親に階級章を処分するように言われました。進駐軍に見つかったらトラブルになると思ったようです。結局、誰にも見つからないよう家の裏の畑に埋めました。

■石井漠の弟子に学ぶ

「洋舞習わせたい」と父

戦争が終わり、世の中ががらっと変わりました。最初に「あれっ？」と思ったのが教科書の墨塗り。「兵隊さん」とか「戦車」とか、戦争に関わる言葉は全部墨で塗るんです。でもなぜか「船」という普通の言葉も塗れと言われて。おかげで意味が通じない文章になりました。

食糧や物資の不足はしばらく解消しませんでした。給食は始まりましたが、脱脂粉乳に酸っぱいジュース、具がほとんどないスープ、パンと全部進駐軍から提供されたもの。おいしくなかったけど、ほかに食べるものがないから食べました。土蔵に置いていたかめから漬物だけ抜かれていたり、大事な長靴が玄関からなくなったりしたのもこの頃のことです。

一方、音楽や映画は再び楽しめるようになりました。戦時中も映画上映はありましたけど、戦意高揚のものばかりで。両親が昔見たシューベルトの伝記映画「未完成交響曲」

の再上映に連れて行ってくれましたが、子どもが見ても全然面白くない。でも青春の思い出に浸っている両親を見ているのは楽しかったですね。

歌や踊りが好きな父は、仲間を集めて演奏活動を始めたり、演劇のグループを作ったりしていました。好きなことが全くできなかった重苦しい空気が終戦で一掃されたせいか、みんな気持ちが高揚していました。

父が私に洋舞（ようぶ）（ダンス）を習わせたいと言い出したのもこの頃です。ハイカラ好きの父は若い頃から洋舞の大ファンで「女の子が生まれたらぜひ習わせたい」と言っていたそうです。舞踊家の石井漠（三種町出身）の弟子が青森県内にいるという話を聞きつけたようですが、結局交通事情が悪くて

小学１年の頃＝1944年

諦めました。

そんな時、淳城幼稚園の恩師・石岡セツ先生（故人）から、同じ敷地内にある淳城高等家政女学校で洋舞を教えるので来ないかという誘いがありました。漠の内弟子だった女性が指導するという話でした。

白足袋姿でレッスン

私が幼い頃、モダンダンスもバレエも洋舞と言っていました。日本舞踊に対し、外国の影響を受けた洋舞が誕生したのは今から100年ほど前のことですが、石井漠なくして発展はありませんでした。

〈石井漠は1886（明治19）年、山本郡下岩川村（現三種町）生まれ。本名忠純。帝国劇場歌劇部でバレエを学んだ後、作曲家・山田耕筰の支援を受け創作舞踊を始める。1922（大正11）年からの欧州公演で好評を博す。帰国後、石井漠舞踊研究所を設立。大作「人間釈迦」などを発表したほか、多くの舞踊家を育成。朝鮮や台湾の現代舞踊にも影響を与えた。62（昭和37）年、75歳で死去〉

大正時代に出演した浅草オペラが空前のブームになったように、石井漠の登場は当時の人々にカルチャーショックを与えたと思います。時代の象徴みたいな人でしたが、自身の創作だけではなく後進を育て現代舞踊を根付かせました。

淳城高等家政女学校で洋舞を習うことになった宮崎（旧姓高根）喜美子先生は、石井漠の下で10年ほど内弟子をしていました。八森町（現八峰町）出身で、父親同士が知り合いだった縁で入門したそうです。漠の身の回りの世話のほか、戦時中は舞踊団の慰問公演に同行して中国にも行ったことがあるそうですが、戦後は実家に戻ってきました。

終戦の年、女学校と同じ敷地内にある淳城幼稚園の講堂で宮崎先生のレッスンが始まりました。私は7歳。物のない時代で練習着やシューズなどありませんから、宮崎先生は白足袋にもんぺ姿。子どもたちも同じくもんぺです。音楽は蓄音機。ハンドルをぐるぐる回してからレコードに針を置くと、少しし

7歳から11年間指導を受けた宮崎先生と＝2007年10月

て音が鳴りだすのです。

それでも小学校の高学年の頃には、衣装やバレエシューズを身に着けて発表会も行われました。母親たちの手縫いで、どこからか手に入れた布でおそろいのものを作ってくれました。

父がパチンコ店開く

子どもの頃、踊り以外で夢中になっていたものが二つあります。一つは絵、もう一つは本です。

絵の楽しさを教えてくれたのは、渟城第一小（現渟城西小）で4～6年時の担任だった武田正高（まさたか）先生（故人）です。図工の先生で、私の絵をしばしば展覧会やコンクールに出してくれました。画材が十分ではなかった時代、自分の油絵の具を使わせてくれたり、貴重な画用紙を渡してくれたり。同級生には「使う絵の具は一番少ないのに、棚橋が一番上手だった」と言われたこともありました。

この頃、わが家の経済事情はあまり良くありませんでした。戦前、父は能代港町（現能代市）柳町の繁華街に引っ越ししてすし店を開きましたが、戦時中は食糧不足でほぼ開店休業状態。戦争が終わっても父があまり商売に身を入れない上、終戦の１９４５（昭和20）年と49年に相次いで弟が生まれ、家族が5人に増えました。

あれこれ考えた末、行き着いたのがパチンコ店への転業でした。戦後、パチンコの営業ができるようになり、個人営業の店が増えていました。父は借金をしてすし店を改装、パチンコ台をそろえて開業しました。私が小学校を卒業する頃だと思います。

観桜会シーズンになると、会場に小屋みたいな臨時の店舗を出したこともありました。店も朝から晩までお客さんが入って忙しかったですね。商売に関する父の勘はまた当たったことになりますが、私にとっては困ったこともありました。店の手伝いで読書の時間がなくなってしまったんです。

武田先生から油絵の特別指導を受ける（手前）＝1949年

幼い頃から家には本がたくさんあったおかげで、読書は大好きでした。だから見つからないよう押し入れで隠れて読んでいたんです。学校でも休み時間はずっと読書。友達から「鮎子さんは付き合いが悪い」と言われたこともありました。

学校祭でソロを披露

1950（昭和25）年、能代第一中学校に進学しました。ここは生徒会がユニークで、生徒会活動のことを学校都市活動、生徒会長は市長、副会長は助役と言うんです。3年生の時、先生に勧められて役員に立候補し、助役になりました。

学校では展覧会に出す絵をしょっちゅう描いていましたし、研究授業の指定校になった時は、樋口一葉をテーマに発表をまとめたこともあります。家に帰ると今度は家業のパチンコ店の手伝いです。洋舞を指導する宮崎（旧姓高根）喜美子先生の元にも週2回は通っていましたから、本当に忙しい中学生でした。

能代北高（現能代松陽高）では文芸部を立ち上げたほか、新聞部に所属。担当はコラムと挿絵です。ある時、生徒会の風刺画を描いたら、昔新聞記者だった父が「先輩の反発を買わないか」と心配していましたけど、問題はありませんでしたよ。

ただ成績は中学時代のようにはいきませんでした。塾に通っている子もいましたが、私は早く帰って朝からお店に詰めている母と交代して店番をしなくてはなりません。勉強する時間がないからどんどん追い越されるんですが、それが悔しくて。「もう高校やめる！」と言って大泣きしました。それで両親も気付いたのか、隣のお茶屋の2階を勉強用に借りてくれたんです。パチンコ店を兼ねる家の中は軍艦マーチや玉が出る音がじゃらじゃらうるさくて、勉強できる環境ではありませんでしたから。

学校と家を往復する気ぜわしい日々でしたが、踊りに打ち込んでいる時は心が安らぎました。自分の思いが表現できて、幸せな気分になるんです。高校2年生の学校祭では、宮崎先生に振り付けてもらった「ペルシャの市場」というソロを披露しました。すると同級生や先生から「すごい」

「ペルシャの市場」の衣装で＝1954年

と褒められて。3年生になっていざ進路を決める時、頭に浮かんだのは踊りをやりたいということでした。

反対された踊りの道

「高校卒業後は踊りをやりたい」と言うと、父が真っ先に反対しました。父は自分が画家を目指していたこともあって、絵が得意だった私を美術学校に行かせたかったんです。それでデザインやインテリアの仕事に就いたらどうかと。でも私の意思が変わらないと見ると、「女の人は家庭を守るのが一番いいんだ」と言い出しました。以前は「女性も自分の職業を持って自立できなくちゃいけない」と言っていたのに…。

能代北高（現能代松陽高）の進路担当の先生にも美術学校を勧められました。父と同じで、踊りをやっても将来の保証はないと心配していたのだと思います。私自身、はっきりとした将来を描いたわけではありません。でもプロのダンサーになりたいというよりは、指導者とか、創作の道に行きたいと思っていました。

ダンサーとしてやっていくには、スタイルの美しさや人々を魅了するオーラが必要です。丸顔でコロコロした体形の私は、舞台人としては恵まれていませんでした。でも、振り付けや舞台の演出を考えたりすることは大好きだったんです。

小さい頃、友達とよく「踊りごっこ」をしました。私が振り付けて友達に踊ってもらうんです。でもある時、授業で習った踊りを私流に振り付けしたら、「この踊りは本当じゃないよ」と言われてむっとした覚えがあります。同じ曲でも人によって表現は違っていい。子どもの頃はうまく説明できませんでしたが、私にとって自分の思いを表現するのに踊り以上のものはありませんでした。

私の思いを酌んでくれたのでしょう、母や幼稚園時代の恩師・石岡セツ先生（故人）など、周りの女性たちが「鮎子ちゃんのやりたいようにやらせてあげて」と懇願してくれました。それで父も折れたんですね。高校を卒業した

「くるみ割り人形」から「中国の踊り」の衣装で＝1954年

1956（昭和31）年春、晴れて上京。現代舞踊家、江口隆哉（たかや）・宮操子（みやみさこ）夫妻の元に入門しました。

江口隆哉先生・宮操子先生

トラブル続きの上京

現代に続くモダンダンスが誕生したのは20世紀初めのことです。当時の先進地は米国とドイツ。私が師事した江口隆哉(たかや)先生と宮操子(みやみさこ)先生は、ドイツで「ノイエタンツ(新舞踊)」を学んだ舞踊家でした。

〈江口(1900〜77年)は青森県、宮(1907〜2009年)は岩手県出身。1931(昭和6)年、夫婦でドイツ留学し、ノイエタンツを代表するマリー・ヴィグマンに学ぶ。帰国後、日本的な表現を取り入れたオリジナル作品を発表するなど現代舞踊の基礎を作った〉

私が中学生の頃から学校でのダンスが盛んになり、能代市にも東京から舞踊家の先生たちが指導に来るようになりました。教員が対象でしたが、私も連れて行ってもらったんです。そこで江口先生に「君、上手だね」と声を掛けてもらったことが、踊りの道を志すきっかけの一つとなりました。

晴れて舞踊の道に進めることになりましたが、56（昭和31）年3月の上京当日、大変なことが起きました。同行した父が、上野駅で倒れて入院してしまったのです。長年お酒を飲み続けたせいで、肝臓がだいぶ悪くなっていたのです。

悪いことは続くもので、上京後の3月20日には能代市で大火が起きます。49（昭和24）年の大火に続き、第2次大火と呼ばれています。入院中の父を置いて帰ることもできず、新聞を見ると焼失範囲の中にわが家がある柳町が含まれていたんです。何とか電報でやりとりして、近くの八幡神社の大木で火が止まり、焼失を免れたと分かりました。母も弟2人も無事でした。

家族らと出掛けた海水浴場で。母（左端）の前が12歳下の弟牧人。後ろに、鉢巻き姿の父と水中眼鏡を着けた8歳下の弟東峰＝1954年、八峰町八森

後で母から聞いたのですが、隣町まで火の手が迫って一刻を争うという時に、下の弟が「この色じゃなくて、あのグレーのオーバーを着たい」と言いだしたそうです。大変だった年の唯一の笑い話ですね。当時6歳だった弟は今、都内でレコード会社と出版社を経営しています。

「きら星」と磨き合う

江口隆哉先生と宮操子先生の舞踊研究所に通い始めたのは、1956（昭和31）年の5月ごろです。上京してすぐ同行した父が倒れ、2カ月ほど看病に追われていましたから。父が探してくれるはずだった下宿先も江口先生の紹介で見つかり、ようやくレッスンに集中できるようになりました。

目黒区平町にあった舞踊研究所にはとても広いスタジオがありました。芝生のお庭に面していて、200畳はあったでしょうか。レッスンは先輩たちと一緒です。前の方にはトップダンサー、入ったばかりの私たちは後ろ。地方出身者も多くて、江口先生は名前ではなく「秋田！」とか、「松本！」とか出身地で呼んでいました。

スタジオには、その後の現代舞踊界をリードするスターが大勢いました。後に米国マーサ・グラハム舞踊団のプリンシパル（最高位）を務める木村百合子さんをはじめ、若松美黄さん（元現代舞踊協会理事長、故人）、金井芙三枝さん（日本女子体育大名誉教授）…。振付家の庄司裕さん（故人）も門下生で、レッスンのない日にはスタジオのペンキ塗りのお手伝いなどをしていた姿が印象的でした。

レッスンは夕方からで、門下生の中には、当時流行していた洋裁学校と掛け持ちしている人もいましたが、私は父との約束でダンスに専念。ですから庄司さんがしていたように、レッスンのない時間は宮先生の手伝いをしました。スタジオには年少の子どもたちも通ってきますし、コンクールや舞台発表が近くなると衣装や舞台装置の制作などの準備に追われます。そうした光景を目にしていたことが、後に自分が指導したり、創作する際にとても役立ちました。

江口・宮舞踊研究所の庭で仲間たちと（前列中央）＝1956年

レッスンが終わるのは午後9時ごろ。夜道をみんなで踊りながら帰ったこともありました。トップダンサーや新人、先輩や後輩、男も女も関係なし。私の青春の一ページです。

公演デビュー

「大作」に群舞で出演

江口・宮舞踊研究所に入門した1956（昭和31）年、初めて公演に参加します。江口隆哉（たかや）先生の代表作の一つ「プロメテの火」（50年初演）で、サンケイホールの舞台でした。

ギリシャ神話をモチーフにした作品で、江口先生は主演のプロメテ、門下生はプロメテから火を与えられる人間の役です。先生のソロに続いて大規模な群舞があるのですが、私はその端っこで踊っていました。チケットを買ってくれた家族や友達は「あれがそうかしら」と探しながら見ていたそうです。

この頃、舞踊界の動きはとても活発でした。モダンダンスではほかにも江口先生の「日本の太鼓」（51年）、石井漠の「人間釈迦（しゃか）」（53年）といった大作が競うように発表されます。終戦後の自由な雰囲気で創作に取り組めるようになりましたし、大作が上演できる経済的な余裕も出てきた時代でした。海外からの来日公演も相次ぎ、パントマイムのマルセル・マルソーの初来日もこの頃です。

私もいろいろな公演に足を運びました。どの公演も刺激を受けることがいっぱいあって、もっと吸収したい、もっと勉強したいと思うんです。ただチケット代が結構高くて、「あれも見たい、これも見たい。ああ大変」と頭を抱えていました。

最も衝撃を受けたのは57（昭和32）年8月に初来日したボリショイ・バレエ団です。世界最高峰の技術と演出に裏打ちされた舞台を見て、踊りがこんなに人を感動させるのかと言葉もありませんでした。

モスクワのボリショイ劇場を拠点とするこのバレエ団の設立は帝政ロシア時代ですが、ソビエト連邦になっても国威発揚のため、ダンサーの育成から興行ま

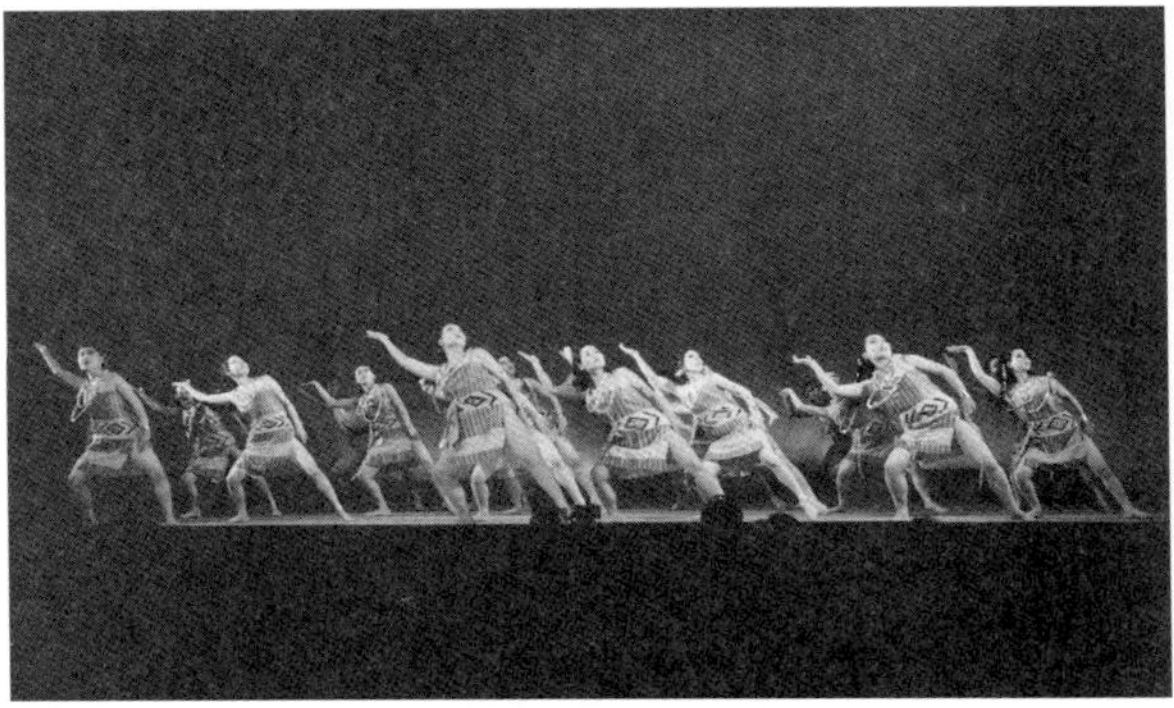
出演した「プロメテの火」の群舞＝1956年

で国が行っていました。文化に対する姿勢の違いと言ってしまえばそれまでですが、世界との差を感じた舞踊家は大勢いたのではないでしょうか。江口先生が「日本中のダンサーはしばらく動けないねえ」とおっしゃっていたのを覚えています。

韓国舞踊を掛け持ち

1956（昭和31）年秋、江口・宮舞踊研究所でレッスンを受ける傍ら、韓国舞踊を習い始めました。きっかけは、いとこに誘われて行った早稲田大の学園祭。そこで出会った韓国舞踊家の小沢恂子（じゅんこ）さん（故人）に一目で魅了されてしまったのです。チャングという太鼓をたたきながら踊っているのを見て私もやってみたいと思いました。

当時、研究所にはモダンダンスの踊り手だけではなく、日本舞踊の名取や、後にパントマイマーの草分けといわれるヨネヤマママコさんらがいて、それぞれユニークな作品を発表していました。私が韓国舞踊を習うことも特別視はされず、自由な雰囲気の中でそれぞれレッスンに励むことができました。

実際に踊ってみると韓国舞踊はモダンダンスとは全く違ってました。モダンダンスに決まった型はないのですが、民俗舞踊には足さばき一つにしても昔からの決まりがあります。型を覚えて踊ってみても、幼い頃からこのリズムに親しんできた韓国系の生徒さんたちの踊りとはどこか違う…。説明が難しいのですが、踊り手としての血の違いみたいなものを感じました。

一方、韓国のモダンダンスは石井漠（1886〜1962年、三種町出身）の影響を強く受けていました。小沢先生の夫、韓国舞踊家趙沢元（チョテクウォン）さん（故人）はもともとテニスの選手でしたが、来日した際、漠の踊りを見て弟子入りを決めたそうです。ほかにも朝鮮半島出身のお弟子さんはいますが、最も有名なのは「半島の舞姫」と呼ばれた崔承喜（チェスンヒ）でしょう。

〈崔承喜は1911年、ソウル生まれ。石井漠に師事した後、日本や欧米で舞踊公演を行い、人気を博す。戦後は北朝鮮に移り、舞踊研究所を設立。舞踊家のトップに就くが、67年家族と

帰郷後もしばしば韓国舞踊を披露した＝1958年

共に消息を絶つ〉

政治的粛清を指摘する説もありますが、どうなったのか分からないようです。でも彼女の踊りの系譜は、今も韓国と北朝鮮で受け継がれています。

父の思いに従い帰郷

東京の江口・宮舞踊研究所に入門して丸2年を迎える頃、父が能代市に戻るよう強く言ってくるようになりました。

研究所や下宿先に父から毎日のように電報が届くのです。ほかの門下生や下宿先の家族が見ているので都合悪くって。無視していると「仕送りはしない」と最後通牒(つうちょう)を突き付けられました。今のようにアルバイト先が簡単に見つけられる時代でもなく、「はい」と言って帰るしかありませんでした。

この2年前に倒れた父は健康に不安を持っていたようで、自分がまだ動けるうちに娘の将来に道筋をつけてやりたいと思っていたのだと思います。

私の帰郷に合わせ、父はスタジオを用意していました。柳町の実家の近くにあった元商家を購入し、広い裏庭に簡単なスタジオを建ててくれたのです。1958(昭和33)年4月、「たなはしあゆこ舞踊研究所」の主宰者として新たなスタートを切りました。20

歳の時です。

　1期生は約70人。一番多かったのは小学生でしたけど、中学生や高校生もいました。私とほとんど年齢も違わずどきどきしっ放しでしたが、始めたからには何とかしなくてはと気合を入れました。

　当時、市内にはダンスやバレエを教える教室はほかに2カ所ありましたが、そもそも子どもの数が多かったし、習い事の種類も限られていましたから生徒は今よりも多かったです。仁鮒(旧二ツ井町)とか結構離れた場所から通ってくる子もいました。

　スタジオを開設して間もなく、能代高校吹奏楽

スタジオ開設当初のレッスン風景(中央)＝1958年

部の顧問の先生と部長が訪ねてきました。秋の吹奏楽部の発表会を合同でやらないかと言うのです。私も教室の生徒も始めたばかり。今だったら「まだ未熟で見せられない」と断ったかもしれませんが、合同公演なら時間も半分だし、やってみようと。本当に怖いもの知らずでした。この合同公演が、現在に続く発表会の1回目となります。

帰郷半年で初の公演

第1回発表会となった能代高校吹奏楽部との合同公演は、能代市追分町の樽子山にあった同校の体育館が会場でした。もちろん今のような舞台設備はありませんから全て人力です。力になってくれたのは小学校時代の同級生。舞台背景を描いてくれたり、ステージの上を走って幕を引っ張ってくれたりと随分協力してもらいました。

衣装は生徒のお母さんたちの手作り。当日のメーキャップもお願いしましたが、私が別の用事を済ませて楽屋に戻ると、生徒たちは白塗りに赤いほっぺ、そして真っ黒な眉。当時、お化粧というと花嫁のイメージしかなかったのでしょう。慌ててやり直してもらいました。

会場にはびっくりするほどたくさんの人が詰め掛けてくれました。知り合いの子どもを見に来た人もいるでしょうし、発表会自体が珍しく、興味があったのかもしれません。

披露したのは、ささらや民謡をアレンジした踊りのほか、当時流行していた映画音楽を使った創作舞踊。開設からわずか半年ですから生徒たちの踊りも、私の振り付けや演出力も未熟だったと思います。でもやって良かった。これ以降、出産で1度休んだ以外は毎年発表会を開いています。

テクニックや表現力がシビアに評価されるコンクールと違い、発表会は生徒にとって楽しみなもののようです。すてきな衣装を着て舞台に立てるのですから。「練習はつらいけど、発表会は楽しい」と正直に言う生徒もいました。

でも設立当初はあんまり楽しくなかったかもしれない。当時、私が創作するのは日本的なテーマが多かったんです。郷土芸能とか昔話とか…。私なりの考えがあったからなのですが、クラシックバレエのよう

能代高校体育館で開いた第1回発表会＝1958年9月

な華やかな衣装が着られると思って入ったのに、与えられたのは着物姿の子どもや動物役…。当時の生徒に「あの頃は動物ばっかりだった」と冗談交じりに言われたこともありました。

スタジオ開設当時の生徒たち

「伝統壊す」と抗議も

能代市に舞踊研究所を開設した年の翌1959（昭和34）年、東北の現代舞踊の団体が参加する合同公演に誘われました。披露したのは「ささら舞」などの創作舞踊。秋には田沢湖町（現仙北市田沢湖）のわらび座と合同公演を行い、「能代七夕」をモチーフにした創作ダンスを発表しました。

能代の人にとってささら舞も七夕もなじみ深いものですが、モダンダンスにアレンジするのはそれまでなかったと思います。練習している場所を一つ一つ訪ねて録音し、それを音源に10分程度の作品を作るのですが、結構大変な作業でした。

でももっと大変だったのは、伝統を重んじる担い手からかかってくる抗議の電話です。もちろん一部の人たちですが「伝統をあんなに変えてしまってけしからん」と。20歳そこそこだった私は、しどろもどろになりながらも「伝統とは別のものを作っているんです」と説明するのですが、どこまでいっても平行線です。今なら少しぐらいアレンジしようと何とも言われませんが、当時は伝統を壊すと思われたようです。

地域の伝統文化に注目したのは、舞踊家・石井漠(三種町出身)の「私の踊りの出発点はささら踊りだ」という言葉があったからです。ささら舞は、主にお盆の時期に行われる民俗芸能で、獅子踊りを中心に奴(やっこ)踊りや棒術などで構成されます。石井漠の弟子で、私が10代の頃に師事した宮崎(旧姓高根)喜美子先生も「漠先生はささらが好きだった」とよく言っていました。

また東京時代に学んだ江口隆哉(たかや)先生の創作舞踊「日本の太鼓」には岩手県の鹿踊(ししおど)りが

ささら舞をテーマにした創作舞踊(左)=1959年

登場しますが、それが本当に素晴らしくて…。だから地域の文化をテーマにするのは私にとってとても自然なことだったんです。

なかなか理解は得られませんでしたが、それに負けて楽にできることをやろうとは思いませんでした。若さ故でしょうけど、やりたいことをやるという意思はより強いものになりました。

わらび座と出会う

汽車を乗り継ぎ稽古

劇団わらび座とのお付き合いは、能代に帰郷した翌年の1959（昭和34）年に始まりました。ラジオ東北（現秋田放送）の記者さんから「仙北に集団生活をしながら創作に取り組んでいるユニークな劇団があるけど、ダンスを教える人がいない」と声を掛けられたのがきっかけです。劇団がある田沢湖町（現仙北市田沢湖）まで月1回程度、能代から汽車を乗り継いで稽古に出掛けました。

〈わらび座は、兵庫県出身の作曲家・原太郎（はらたろう）（1904〜88年）が51年、都内で立ち上げた劇団「海つばめ」が前身。53年に秋田に移り「わらび座」に改名、田沢湖町に本拠地を置く。71年に株式会社化〉

大曲で生保内線（現田沢湖線）に乗り換え、神代駅へ。そこから田んぼの一本道を行くと、やがて劇団の本拠地が見えてきます。でも現在のような立派な劇場はまだなく、古い木造の小さな平屋の建物とブロック造りの練習施設があるぐらい。団員も十二、三人でした。

当然、自前の劇場もなく、周辺の学校に出掛けて民話劇やロシア民謡などを披露する学校公演がメインでした。バレエシューズはおろか、食べ物にも事欠くような生活でしたが、みんな若くて、新しいことをやろうという熱気にあふれていました。

わらび座とつながりが生まれたおかげで、私の創作の幅も広がりました。ダンスに不可欠な音楽を作ってもらったり、わらび座とつながりがある演奏家や団体を紹介してもらったり。ものを作っていく仲間が増えてきた感じでしたね。

この年の8月、能代市で開いたわらび座との合

わらび座が照明と音楽を担当した創作ダンス「器用なお嫁さん」＝1959年8月29日

同公演では照明と音楽をわらび座にお願いし、影絵をイメージしたすてきな舞台をつくることができました。この時、音楽を担当していたのがわらび座の黒田晴生。彼とは翌60年に結婚することになります。

別居だった新婚時代

わらび座でダンスを教えるようになった頃、劇団創設者の原太郎先生（故人）は、秋田や岩手の民俗芸能を創作に取り入れるため、しばしば取材に出掛けていました。岩手県北上市の鬼剣舞の取材には私も同行。共に参加した音楽担当の黒田晴生と次第に親しくなりました。

晴生は1935（昭和10）年、中国・天津市生まれ。10歳の時に日本に引き揚げ、両親の故郷である九州や愛知県などで暮らしたそうです。その後、東京に出て音楽活動に参加。私と知り合った頃は、原先生から作曲などの指導を受けていました。

結婚の話が具体化した時、体調が悪かった私の父に代わり、淳城第一小学校時代の恩師・武田正高先生（故人）が原先生と話し合うため、わらび座を訪れました。父としては、せっかく能代に舞踊研究所を開いたのだから晴生を婿として迎えたかったのです。原先生は「まだ若いと思うが、2人が結婚したいというならいいだろう」と言ってくれましたが、当時のわらび座は団員も少なく、音楽も芝居もできる晴生がいなくなるのは痛手だったと思います。

60（昭和35）年3月、晴生と私は能代市で結婚式を挙げます。籍も入れましたが、当面晴生は田沢湖、私は能代で暮らすことになりました。会えるのは私がわらび座にダンスを教えに行く時や、晴生が公演で能代の近くに来る時ぐらい。でもそれぞれ仕事が忙しかったので、特別大変だという感じではありませんでした。

結婚の翌61年、原先生に関西・四国巡業に参加しないかと声を掛けられました。当時盛んだった勤労者音楽協議会（労音）主催の公演で、

舞踊研究所で開いた結婚披露宴で夫（中央）と歌う。左は母＝1960年3月

期間は11月から翌62年1月までの約3カ月。私たちが一緒に過ごす時間をつくってあげたいという原先生の計らいでした。舞踊研究所の生徒たちには申し訳なかったけどレッスンはお休みし、わらび座の一員として巡業に出発しました。

巡業中「父死す」の報

わらび座の一員として参加した関西・四国巡業では、創設者の原太郎先生から鹿踊りの雌鹿役を与えられました。鹿踊りは岩手県の民俗芸能で、私が東京時代に師事した舞踊家・江口隆哉先生による1951（昭和26）年初演の大作「日本の太鼓」にも登場します。原先生から「江口氏の下で学んだあなたにやらせたい」と言われて練習を始めたのですが、太鼓をたたきながら踊るのが難しくて…。頭にかぶった鹿頭も重くて首がおかしくなりそうでした。

公演はどこも盛況でした。和歌山では、花束代わりにミカンが鈴なりの枝をプレゼントされました。面白いこともたくさんあって、大阪で泊まった旅館では、盗難防止のため流しに洗面器がチェーンで固定され、シーツには旅館の名前が墨で黒々と書かれていてびっくり。露店でだまされて中身のない万年筆を買ってしまった劇団員もいました。公演が終わると、松山の道後温泉や大阪の法善寺横丁などを訪ねて楽しく過ごしました。

ところが巡業が始まって1カ月余り過ぎた61（昭和36）年12月、能代の実家から思わぬ知らせが届きました。父が亡くなったというのです。本番直前のことで、そのまま舞台に出ましたが、涙があふれて止まりませんでした。

5年前に倒れてからも、父はお酒をやめられなかったんですね。肝臓がだいぶ悪かったんですが、関西・四国巡業も「大丈夫だから」と送り出してくれたんです。まだ51歳でした。

母はかつて知り合いに「あなたのご主人は、この世に遊山（ゆさん）に来たような人ですね」と言われたことがあるそうです。趣味に生きた父に代わって家業を切

巡業中、原夫妻と（左）＝1961年、大阪・法善寺横丁

り盛りしていた母は気丈な人でしたが、父が亡くなって急に力が抜けてしまいました。仏壇の前に座り込んだまま動かない日が半年も続いたでしょうか。でもまだ中学生と高校生だった弟たちを、希望する学校に行かせなきゃいけないという気持ちが母を奮い立たせました。

文化団体の協力得る

舞踊研究所の発表会を最初に開いたのは能代高校の体育館でしたが、間もなく能代市の公民館ホールに会場を移します。ホールは旧市役所第4庁舎（現在はさら地）の建物で、１９５８（昭和33）年に完成。舞踊や演劇などに取り組む市内の文化団体が発表の場として利用していました。

当時、市の文化活動の中心は文化団体連絡協議会（現ＮＰＯ法人能代市芸術文化協会）でした。舞台部門のリーダーは佐藤長俊（ながとし）さん（故人）。大の演劇好きの校長先生で、後に能代ミュージカルの制作委員長となった方です。実は私の父の代からのお付き合いで、終戦直後、日活の俳優だった中村紅果（こうか）さん（湯沢市出身、故人）を中心に誕生した演劇グループで、若手メンバーの一人として活動していました。

舞台関係では同じく教員の鈴木雄太郎さん（故人）がいて、三種町出身の舞踊家・石井漠直伝という「ハタハタ音頭」を表情豊かに披露してくれました。戦後、舞踊家による教員対象の舞踊講習会がしばしば開かれたのですが、鈴木さんはそこで習ったようです。

このほか、終戦直後に誕生した杉の子コーラスや市民合唱団などが活発に活動していました。連絡協議会に加盟し、こうした団体とのつながりが生まれたことが私の創作を広げるきっかけになったのです。

研究所開設5年目の62(昭和37)年に発表した舞踊劇「雪ん子」では、市内のさまざまな団体の協力を頂きました。音楽づくりに参加してくれたのは、杉の子コーラスや能代市民合唱団の有志、そしてマリンバの名手でもあった鈴木さん。研究所へ集まってもらって録音しました。舞台装置を担当してくれ

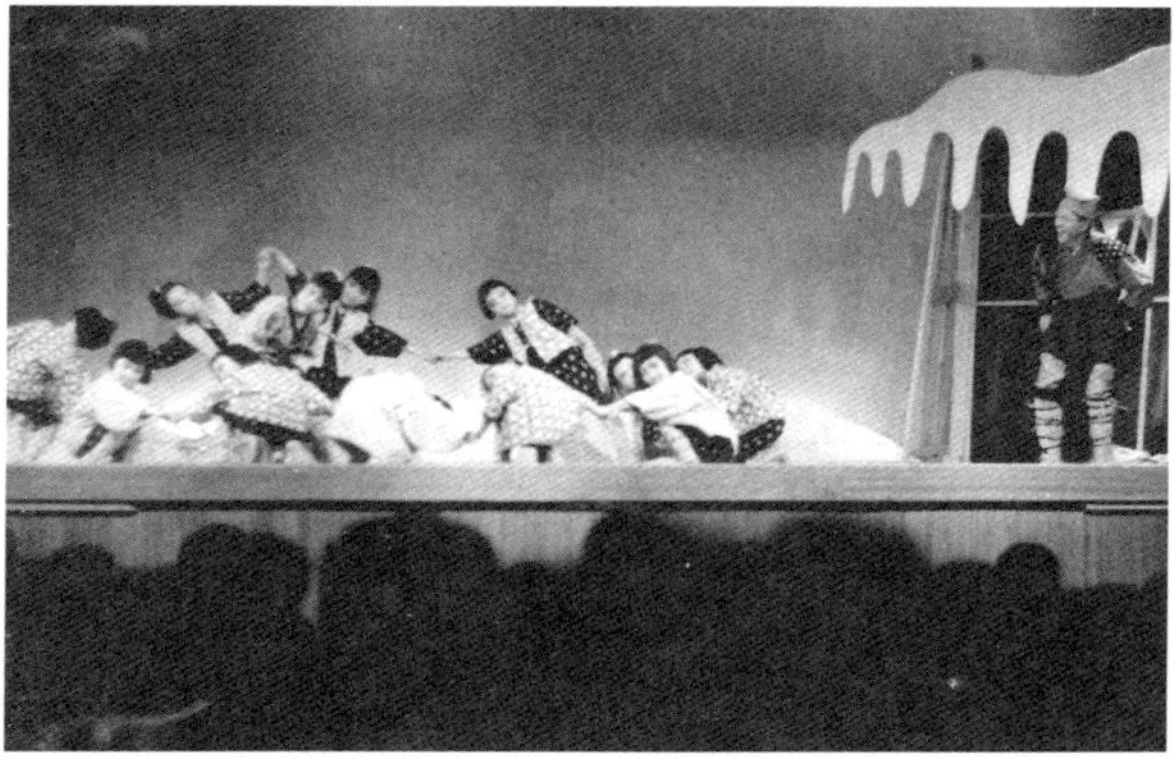

文化団体などの協力を得た舞踊劇「雪ん子」＝1962年

たのは地元の画家・宮腰喜久治さん（故人）。おかげでスケールの大きい舞台になりました。

これら多彩な人たちとのつながりは、後年の能代ミュージカルの活動にも通じるものがありました。

天才舞踊家が助け船

1963（昭和38）年5月、25歳で長女絵里奈を出産しました。体重は2200グラムで、最初は保育器に入れられました。出産直前までダンスのレッスンをしていたのですが、赤ちゃんの体が小さいのはそのせいだろうか、ちゃんと育ってくれるだろうかと随分心配しました。

劇団わらび座の団員で、離れて暮らしていた夫晴生（はるお）とは妊娠が分かってから能代市で一緒に暮らすようになりました。でも長女が生まれて間もなく劇団のアジア公演に参加します。私の実家は近所でしたけど、2年前に父に先立たれた母は女手一つで仕事しながら弟2人を育てるのに懸命で頼ることはできません。家政婦さんを雇ってレッスンを再開しました。

嵐のような日々でした。子どもにミルクをあげる、レッスンをする、公演の準備をする…とにかく目の前のことに対処するだけで精いっぱい。生徒のお母さんたちが、見るに見かねて洗濯物を畳んでくれたこともしばしばでした。家にスタジオがあったから両立できましたが、なかなか熱が下がらない子どもを病院へ連れて行った時はさすがに泣きたくなりました。

そんなある日、東京で共に学んだ木村百合子さんが私のスタジオに現れたんです。私より二つ年上の木村さんは当時、生まれ故郷の金沢を拠点に活動していたんですが、所属スタジオの先生とけんかして雲隠れしたくなったということを後から聞きました。数カ月滞在し、生徒たちの指導や振り付けを手伝ってもらいました。

天才とは木村さんのようなダンサーのことをいうのだと思います。高い身体能力に理想的なプロポーショ

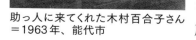

助っ人に来てくれた木村百合子さん＝1963年、能代市

ン、そして抜群の表現力。プロ意識が高く、夜中に起き出してスタジオで踊っていることもありました。

間もなく木村さんは故郷に戻りますが、翌年渡米。名門マーサ・グラハム舞踊団でプリンシパル（最高位）として活躍します。能代に来たのはまさに世界に羽ばたく直前のことでした。

ソ連訪問で心機一転

振り返ると20代から30代にかけてが一番苦しい時期だったかもしれません。子育てに家事に仕事。どれもやらなければいけないのに、どれも中途半端になってしまう焦りがありました。

29歳で次女を産んだ頃からダンススタジオが増え、生徒がよそに移ったり、入ってくる生徒が減ったりと少なからず影響がありました。親御さんからすれば、やはり教えることに専心できる先生がいいと思うでしょう。周囲の思いや自分のやるべきことを理解しながらも現実に追われ、うつうつとしていた頃、旧知のダンス指導者からソ連旅行の誘いがありました。

ロシア革命50周年に当たる1967（昭和42）年、首都モスクワで開催される芸術祭を視察するのが目的です。レニングラード（現サンクトペテルブルク）訪問も含め日程は約1カ月。費用のほか、まだ小さい次女を置いていくことや生徒の指導など迷いはありましたが、思い切って行くことにしました。

当時は横浜から船でナホトカまで行き、シベリア鉄道でハバロフスク、そこから飛行機でモスクワに向かいました。船に乗るまで「何てことをしたんだろう」と思いましたが、だんだん「新しいものを見てこよう」と気持ちが切り替わりました。

現地では一流ダンサーが出演する公演を鑑賞したほか、バレエ学校やクレムリンなど普通の観光では入れない場所も見学できました。舞台も素晴らしかったのですが、同じくらい感銘を受けたのは観客の姿です。私たちと同じ普通の市民なんですけど、拍手すべきところ、声を掛けるべきところなど心得てるんです。あれだけ深い理解があれば、舞台の人

トロイカ（馬そり）で観光も（左から2人目）＝モスクワ

もやりがいがあるだろうとつくづく思いました。

思い切って出掛けたおかげで世界が広がり、前向きな気持ちになれました。でも帰って来たら、次女が私の顔を見ないんです。「何で私を置いていったの」と思っていたのでしょうね。思い出すたび今も胸が痛みます。

モスクワ芸術学校

寒過ぎて、じんましん

ソ連訪問から3年後の１９７０（昭和45）年、三女が生まれました。相変わらず仕事と子育てに追われる日々でしたが、気持ちがぶれることはなくなりました。私にはこの道しかない、そう腹をくくったのです。出産で毎年恒例の発表会は休みましたけど、週2回のレッスンは鷹巣町（現北秋田市）の指導者仲間の力を借りて続けました。

この少し前から能代市以外での指導も始めました。最初は琴丘町（現三種町）。ここから通ってくる生徒の親御さんから「冬の間、能代まで一人でバスに乗せて行かせるのが心配」と相談を受けたのがきっかけです。今のような車社会ではなかったので、市外から通うのは大変だったんですよね。ほかにも習いたいという子どもがいたので、洋裁学校の一室を借りて週1回レッスンをしに通いました。

私の交通手段もやはりバスでした。つらかったのが冬。能代に帰るバスの停留場の周囲は田んぼで遮る物はありません。バスを待っている間、吹きつけてくる雪が本当に冷たくて。ようやく来たバスに乗り込んだ途端、体中がかゆくなり、水ぶくれのような発疹が出たことがあります。「寒冷じんましん」というんだそうです。こんなことは初めてでびっくりしました。

　琴丘は小さい町でしたけど、文化的な気風があって、生徒も親御さんも意識が高かったですね。全国舞踊コンクールで活躍した生徒もいます。その後、車で送迎する親御さんが増えたのでレッスンはやめましたが、4、5年通いました。後に琴丘町が野外劇「縄文ページジェント」を始める際、声を掛けられたのも、こうしたつながりがあったからだと思います。

　鷹巣町へもレッスンに行きました。大変でした

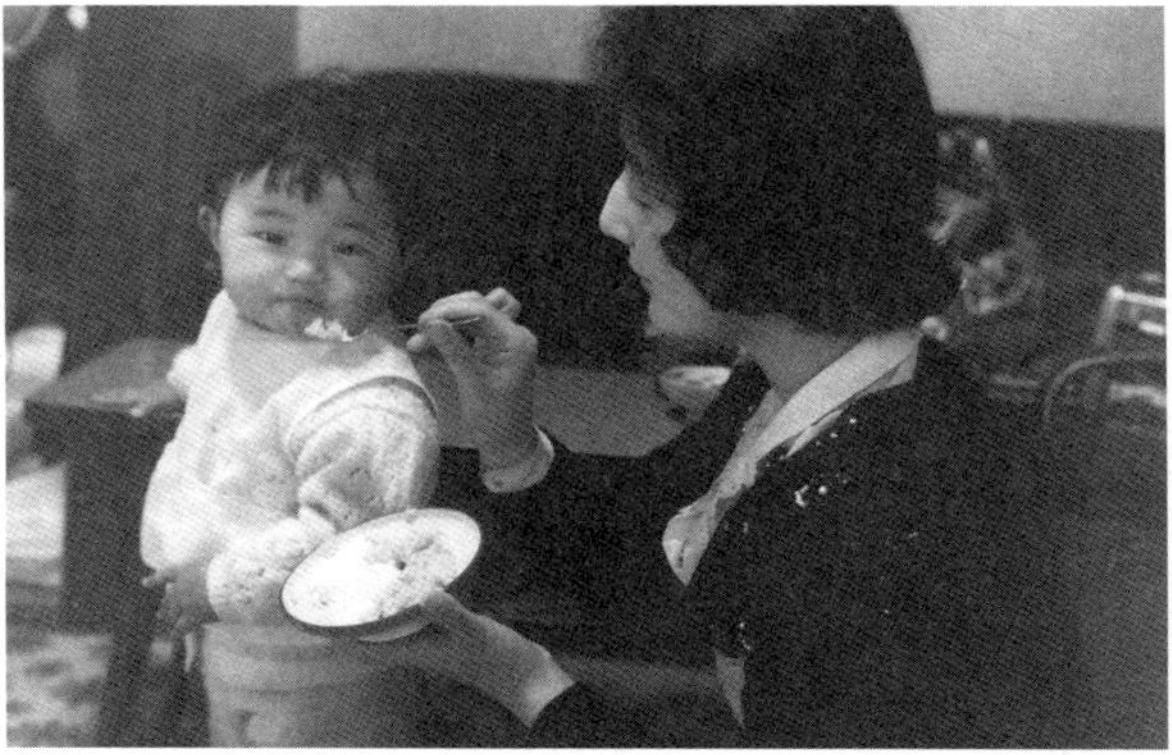

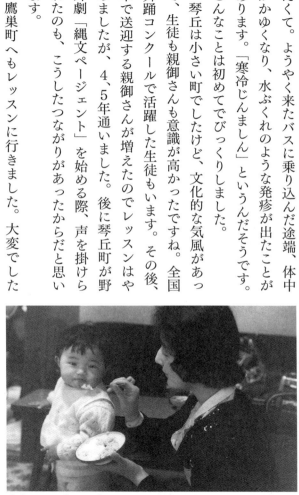

次女と。子育てに追われながら創作を続けた＝1967年

が、生活しなくてはなりませんでしたから。こんな話をすると「夢が壊れる」と言われますけど、きれいな夢だけでは3人の子育てをしながら仕事を続けるエネルギーは生まれません。

■ 入賞、入選に自信得て

出場者全員が受賞

1969（昭和44）年、とてもうれしいことがありました。3月の全国舞踊コンクールに7作品を発表したところ、一つが入賞、残る六つ全てが入選したのです。コンクールには研究所開設3年目で初参加して初入選、6年目で準入賞を頂きましたが、出場者全員が入賞・入選するなんて初めてでした。

全国舞踊コンクール（東京新聞主催）は今年で75回目を迎えた歴史のあるコンクールです。初めて見たのは東京の江口・宮舞踊研究所で学んでいた頃。同門の木村百合子さんが洋舞部門で1位になったのを見て感激し、いつか自分が教えるようになったら生徒たちを出場させたいと思ったのです。

日頃の成果を発表する場として発表会はありますが、身近な人たちの「良かった」「かわいかった」などの優しい評価だけで終わってしまいがちです。コンクールでは多くの人の共感を得られる作品かどうか評価されますし、全国各地から「われこそは」という人たちが集まってくるので、創作や指導の点でも大いに刺激になります。

うれしいことにこの後もコンクールでの入賞や入選が続きました。ダンスの指導を始めて10年を超え、私も生徒たちも力を付けてきたのでしょう。回数を重ねるごとに、富山や北九州から出場する才能豊かな先生たちとも親しくなりました。

でも不思議なもので、コンクールで評価された作品を後に再演しても当初の完成度には及ばないんです。多分、私がその時の、その子どもたちの雰囲気や持ち味に合わせて作品をつくっているからでしょう。

作品をつくるには、それにふさわしい素材（踊

入選した6作品の一つ「鳩舎にて」より＝1969年

り手）がいて、私の心と響き合って初めて意欲が湧いてきます。絵の具や楽器を通して表現する芸術とは異なり、一瞬一瞬変化していく人間が素材ですので、納得できる作品ができたときは「達成感」とともに、「この時限り」という悲しみの両方を味わうことになります。

1981年の全国コンクール出場メンバー

音楽は「パートナー」

全国舞踊コンクールのほか、年1回の発表会、秋田市や能代市で開かれる秋田魁新報社主催の入学おめでとう大会とクリスマス子ども大会が、この頃の主な発表の場でした。魁主催の両大会はいずれも初開催の１９６０（昭和35）年に声を掛けられてから毎年参加していました。

このほか、東北や県内の現代舞踊協会の合同発表会もありました。それぞれにふさわしい作品を発表するため、年間30作品はつくっていたと思います。目の前の生徒を見ているとさまざまなイメージが浮かんでくるので苦ではなかったですね。創作には振り付けや衣装、舞台装置などさまざまな要素がありますが、欠かせないのは音楽です。

東京時代に師事した舞踊家・江口隆哉（たかや）先生は舞踊の理論を打ち立てた方で、「踊りの魅力とは体の動きのことで、音はなくても構わない」とおっしゃっていました。能代に戻った頃、若かった私は江口先生の言葉をそのまま劇団わらび座の創設者・原太郎（はらたろう）先生に言ったことがあります。すると寛容な原先生は珍しく「それはどうかな」と。原先生は作曲家でしたから、踊りは音楽あってこそという考えだったと思います。

江口先生の作品には、体の動きと演出だけで見せる素晴らしい舞台がありますが、そうした作品はよっぽど完成度が高くなければ人々に受け入れてもらえません。大作「プロメテの火」や「日本の太鼓」では、江口先生も伊福部昭さんに作曲を依頼していました。音楽と体の動きが一つになることで、見ている人に、より多くの満足感を与えることができるんです。

音楽で力になってくれたのが夫晴生です。わらび座で音楽を担当していましたから、「こんなイメージの曲は

創作のパートナーでもある夫と旅行先の大原美術館で＝1992年10月、岡山県倉敷市

ない？」などと聞くと早速手配してくれます。音楽と踊りが切り離せないように、私と夫は創作をしていく上の大切なパートナーなのです。

本番当日に衣装完成

ダンスに関心がない人でも舞台でぱっと目につくのは衣装ではないでしょうか。衣装によって作品の雰囲気が左右されることも多く、「舞台の半分は衣装」という人もいるほどです。

三種町出身の舞踊家・石井漠にも、衣装に関する有名なエピソードがあります。ドイツ・ベルリン公演の際、手違いで衣装が届かず、たまたま現地に留学中だった作曲家・成田為三（北秋田市出身）に頼み、下宿先の部屋のカーテンを裁断して衣装を作ったとか。それがとても斬新で効果的だったそうです。漠の存在感があってこそでしょうが、衣装は高価だから良いとは限りません。しかしおろそかにもできず、私たちとしてはとても気を使う部分です。

クラシックバレエの定番衣装ならレンタルもできますが、創作ダンスでは作品に合わせて作らなくてはいけません。専門店からベースとなる衣装を取り寄せ、衣装担当のスタッフの力を借りながら、スパンコールや鳥の羽根などを縫い付けたりして作ります。ある時、衣装を緑色に染めてスタジオの裏に干していたら、「青菜かと思った」と言われたこともありました。

衣装の中でも、細かい点までベテラン審査員の目が光るコンクール向けのものには神経を使います。制作はほとんどプロのデザイナーに依頼しています。

以前お願いしていたデザイナーは芸術家タイプの方で、素晴らしい衣装を作る半面、たくさんの注文を抱えているためいつも仕上がりがぎりぎりで、コンクール数日前になっても衣装

全国舞踊コンクール入賞作「棘（とげ）のあるばらと月」の衣装＝2006年

が届かないことがありました。焦って電話すると「前日に東京でお渡しします」とのこと。約束の日に生徒と一緒にデザイナーの仕事場に行くと誰もいない…。しばらくして本人が現れ、ようやく衣装合わせをしましたが、手直しが必要で実際に手元に届いたのは本番直前でした。

生徒の雰囲気にぴったりのすてきな衣装でしたけど、この時は本当にハラハラしました。

文化会館建設を推進

舞踊研究所の発表会は当初、能代市上町にあった旧公民館ホールを使っていましたが、1961（昭和36）年に近くの富町に市民体育館ができてからは、大勢の方に見てもらうためこちらに変更しました。

しかし舞台発表のための設備はほとんどありません。照明は市内にあるのだけでは足りず、盛岡や仙台のステージ業者に頼みました。客席の椅子もないので、知人の建設業者さんにトラックで大量のパイプ椅子を運び込んでもらいました。

こんなに苦労しても理想の舞台には程遠かった。雨が降るとバラバラ、ザァーザァー、と響くし、救急車やパトカーの音も全部聞こえる。「別世界」を見せたくても、何かの拍子にすぐ現実の世界に引き戻されてしまうんです。そして発表が終わると全て解体、撤去しなければなりません。舞台設備の手配に追われることなく、創作だけに集中したいとずっと願い続けていました。

ちょうどこの頃、市制40周年に合わせて地元に文化会館をつくろうという機運が高まってきたのです。中心になったのは、文化団体の若手有志や能代青年会議所で、私も参加していました。77（昭和52）年に市民会館推進協議会が結成され、「早くつくろう市民会館」を合言葉に署名や募金活動を始めました。やがて商工会議所や女性団体も加わり、大きなエネルギーになりました。

一方、75（昭和50）年の市長選で、市文化連盟（63年に市文化団体連絡協議会から改組、現市芸術文化協会）の西村節朗会長が当選。市の事業としても建設が進められることになりました。

完成が近づいたある日、工事中

文化会館オープンに合わせ寄贈した絵画を前に（前列中央）＝1980年9月

の文化会館に立ち寄り、ドアからちらっと大ホールをのぞいた瞬間、泣いてしまいました。それまで本当に大変でしたから。きちんとした舞台設備があると、作品の可能性も広がります。地元で発表を続ける上でも本当にうれしい出来事でした。

■能代ミュージカルのことなど

こけら落としが始まり

今も続く能代ミュージカルは、能代市文化会館のこけら落としとして1980（昭和55）年に披露されたのが始まりです。実は、私の一言がきっかけでした。

77年発足の市民会館建設推進協議会を中心に署名活動や募金活動、市への陳情などを行い、建物の青写真が見えてきたある日、協議会のメンバーが各自の思いを語り合う中、「こけら落としは自分たちの力でやりたいね」という話になりました。そこで私が「ミュージカルみたいなのをやらない？」と提案したのです。「無理だろう」という人もいましたが、徐々に機運が盛り上がり、80年に能代ミュージカル制作委員会が結成されました。委員長は著述業の野添憲治さん（故人）、演出は佐藤長俊さん（同）が務め、脚本やテーマ音楽などの制作が始まりました。

この年の9月13日、ミュージカルバラエティー「能代物語」が市文化会館で披露されました。演劇を軸に、吹奏楽や合唱、舞踊など各団体がストーリーに沿って発表を行うスタイル。本格的なミュージカルではありませんでしたが、行政に要望するだけではなく、自分たちの手で文化をつくろうという活動は当時珍しかったのではないでしょうか。

多くの団体が関わって一つのものを作り上げる取り組みは刺激がいっぱいで、多くの出会いがありました。驚いたのは、能代に帰って来た年に合同公演を行った能代高校吹奏楽部の部長も参加していたこと。高校生だった彼は能代市民吹奏楽団の団長となっていました。

その後、能代ミュージカルはそれぞれ制作委員長を務めた佐藤さんや平川賢悦さん（故人）が中心となり、内容を高めながら回を重ねていきま

能代ミュージカルのフィナーレで（後列左から３番目）

した。言い出しっぺの私は当初から振り付けと指導を担当。公募の出演者の中には踊るのは初めてという人も多く、限られた時間で完成度を高めるのはなかなか大変でしたけど、作り上げる楽しさの方が上回っていました。

やりたいこと存分に

能代市文化会館の整備と能代ミュージカルの準備が進む中、私の創作活動でも大きな出来事がありました。１９７９（昭和54）年に発表した「緑のモザイク」が翌年の県芸術選奨に選ばれたのです。42歳の時です。

「緑のモザイク」は、言葉をイメージした作品でした。中学、高校生を主体とする年上の生徒たちがくつろいだ様子で話し合っている。すると、小学生以下の子どもたちが飛び出してきて跳ねたり、椅子の上で逆立ちしたりと元気に動き回ります。この子たちは、年上の生徒たちが発した「言葉」を演じているのです。

作品の構想が生まれたのは、文化会館の建設推進運動の仲間たちとミュージカルについて話し合っているさなかでした。私の提案をきっかけにさまざまな反応が生まれ、形になっていく、そんなイメージを作品に込めたのです。そして、私のイメージ通りに動いてくれる生徒たちがいたことも大きかった。この頃は少子化の今より生徒数が多くて層が厚く、全国舞踊コンクールでも入賞入選が続きました。

当時の生徒たちに聞くと、私のレッスンは厳しかったようです。「よくトランポリンの下で泣きました」と言う子もいるぐらい。トランポリンは平衡感覚を養うために開設間もなく導入し、76(昭和51)年にスタジオを建て替えた時も練習に支障がないよう天井を高くしました。踊りにはジャンプ力や柔軟性は欠かせませんが、個人差があります。でも時間をかけて訓練すると体は変わっていきます。しっかりつけた筋肉は、ダンサーならずとも財産になります。

20歳でスタジオを開設してから約20年、県芸術

「緑のモザイク」を踊る年少の子どもたち＝1979年

選奨の受賞によって自分のやってきたことがきちんと評価されたんだとうれしく思いました。3人の娘たちも成長し、仕事と家庭の両立で悩むことも少なくなりました。40代になって、今までやりたくてもできなかったことが存分にできるようになったのです。

秋田県芸術選奨受賞祝賀会

手塚治虫さんと出会う

1979（昭和54）年に県芸術選奨を頂いた「緑のモザイク」には3人の娘のうち、長女絵里奈と三女さゆりが出演しました。当時は16歳と9歳。2人とも小さい頃から踊りが好きでした。

この後間もなく、長女はロータリークラブの交換留学生に選ばれ、米オレゴン州に1年間留学します。向こうの高校ではチアダンス部に入って目立つポジションに選ばれたほか、イベントで創作ダンスを披露したりして注目されたようです。地元の新聞社にも取材されたとか。日本人が全くいない街でしたが、ダンスのおかげですんなり溶け込めたみたいですね。

一方、次女はるひは小学校で踊りをやめました。3人とも同じようにやらせましたが、やはり向き不向きはあるんですね。その代わり絵を描くことが大好きだったので、秋田市の絵画の先生の元に通わせたり、一緒に展覧会を見に行ったりしました。踊りに関する次女の疎外感を埋めてあげたかったんです。

1983（昭和58）年春、高校生になった次女と訪れたピカソ展でとても素晴らしい出来事がありました。会場は千代田区の東京国立近代美術館。ちょうど最終日で閑散とした館内を2人でゆっくり回っていると、入り口からベレー帽をかぶった男性がすたすたと歩いてくるんです。何と漫画家の手塚治虫さん（1928～89年）でした。

次女も私もファンでしたから、ピカソを見ながらも手塚さんのことが気になって仕方ありません。思い切ってサインをお願いすると、「大天才の作品の前で絵を描くのはとても気が引けますが……」と言って「リボンの騎士」の絵も添えてくれたのです。本当に幸せなひとと

3人の娘と共に＝1971年

きでした。

3人の娘のうち、ダンスの仕事に就いたのは長女だけです。三女は米国にダンス留学を果たしますが、一時期腰を痛めて断念。現在は音楽関係の仕事をしています。グラフィックデザイナーとなった次女の部屋には今も「リボンの騎士」の絵が飾られています。

生徒とモスクワ再訪

1986（昭和61）年、40代の最後の年にソ連を再訪しました。ロシア革命50周年のモスクワ芸術祭で訪れて以来、約20年ぶり。今度はバレエスクールの生徒たちと一緒でした。

旅行会社から、日ソの子どもたちが交流するイベント「少年少女モスクワ日本祭」への参加を提案されたのがきっかけです。「生徒を連れて外国なんて」とためらいましたが、お母さんたちに相談すると「ぜひ行かせたい」と積極的で。結局、小学校4年生から中学校2年生まで10人の生徒を連れて行きました。

現地の芸術学校を見学したり、交流会に参加したりとあっという間の10日間でした。交流会はピオネール宮殿と呼ばれる子ども向けの施設で開かれ、私たちは創作舞踊「少年合唱団」を披露しました。現地の曲を基にした作品で、見ていた子どもたちも手をたたいたり、歌ったりしてくれて。この国の芸術は本当に奥深いんですが、日本と通じる情緒的な感性があって、共感し合える部分がたくさんあると思いました。

生徒たちが街を歩くと、しばしば「かわいいね」と声を掛けられました。当時はまだ外国人の子どもが珍しかったようです。出発前「ソ連なんて大丈夫？」と心配されましたけど、治安はとても良かったです。

とはいえハプニングもありました。モスクワ滞在中、生徒の1人が夜中にホテルの私の部屋にやって来て、「先生、お財布落としたの」って言うんです。皆で一緒の部屋に寝ようと荷物を移動している最中になくしたとか。「残念だけど出てこないと思うよ。欲しいものがあったら先生が買っ

ピオネール宮殿で披露した「少年合唱団」＝1986年

てあげるね」と慰めると、「ちゃんと名前を書いてあります」って。今思い出しても笑ってしまいます。

でも驚いたことに翌日、移動先のレニングラード（現サンクトペテルブルク）のホテルにお財布が届いたんです。その子も含め、思い思いの土産を買って無事帰途に就きました。

創作する女性に共感

1990（平成2）年秋、「女流展」というイベントを企画しました。創作活動に取り組む女性たちが、ジャンルや地域を超えて作品を発表するのが狙いです。県内外で活躍する陶芸家や画家、舞踊家ら20人以上に参加してもらい、能代市と秋田市で公演や展覧会を開きました。

きっかけは人形作家・大池豊子さん（青森県弘前市）との出会いです。上京する寝台列車の中でたまたま隣り合わせになったのですが、布に包んだ大きな荷物を大事そうに扱っているのを見て、「それは何ですか」と声を掛けました。中身は大池さんが制作した人形で、東京で開く展覧会に持って行くということでした。見せてもらったら本当にすてきな作品で…。同じ創作に取り組む女性として意気投合しました。

家庭を持つ女性が創作するにはものすごいエネルギーが必要なんですね。いくら集中していても、夕飯の支度のために途中で中断してジャガイモの皮をむいたり、サンマを焼いたり…。時間をぶつ切りにされるのはつらいものです。仕事に集中し過ぎて、離婚に至った仲間も少なからずいました。

女流展は、同じように頑張っている女性たちと一緒に何かやりたいという思いで企画しました。アートフラワー作家の小野亮子さん（八郎潟町）や、母の友人の娘さんである日本画家の佐藤緋呂子さん（秋田市出身、東京住）ら、つてをたどって声を掛けたところ、皆さん快く応じてくれました。

創作に取り組む女性たちを紹介した「女流展」のパンフレット

能代市制50周年に合わせ、市文化会館では舞台発表とロビーでの作品展示。またスタジオと自宅の建て替えを手掛けた秋田市の住宅会社の協力を得て、その社屋でも展示をしました。

創作じゃなくても、仕事と家庭の両立に頑張っている女性は多いですよね。まあ、お父さんも頑張っているかもしれませんが…。仕事にも子どもたちにも真剣に向き合う、そんなお母さんたちを見ると心の底から応援せずにはいられなくなります。

国際イベントを主催

秋田からは世界的に有名な舞踊家が2人生まれています。創作舞踊の草分けとされる石井漠（三種町出身、1886～1962年）と、舞踏を作り上げた土方巽（ひじかたたつみ）（秋田市出身、1928～86年）。二年前、本県で国際ダンスフェスティバル「踊る。秋田」が開催されましたが、2人を生んだ秋田に関心を寄せる海外の舞踊家は多いのです。

1993（平成5）年、アジア・環太平洋地域のダンスの祭典「アジア国際舞踊フェスティバル（JADE＝ジェイド）」が日本で初めて開催されました。東京と共に開催地に選ばれたのは秋田。漠と土方を輩出し、民俗芸能も盛んであることが評価されたのです。

開催決定は本番の2年前。秋田では県芸術文化協会が主体となって実行委員会が組織され、4市町で公演が行われることになりました。このうち能代公演の実行委員長を私が務めることになったのです。

国際的なイベントを手掛けるのは初めてです。責任の重大さを感じた私は、長女の絵里奈と共に、ＪＡＤＥを提唱した香港のダンス指導者カール・ウォルツさんの舞踊学校や、台湾で開かれたＪＡＤＥの会合の視察に出掛けました。自費でしたけど、各国の舞踊関係者と顔を合わせ、運営手法を知るために行って良かったと思います。

能代公演では地元の発表のほか、ウォルツさんの香港演藝学院と、南インド・カルナータカ州で伝統歌舞劇「ヤクシャガーナ」を演じる男性だけの舞踊団が出演することになりました。

公演の成功に向けて、能代市文化会館建設運動に共に携わった今立善子さん（能代市）ら市内の

視察先の香港演藝学院でウォルツさん（左）と＝1991年

演劇関係者がチケットを販売するなど精力的に活動してくれました。この後、県芸術文化振興基金の募金運動が始まりますが、市民の間に文化を育てようという機運が高まっていた時期なんですね。企業や行政も協力的で、とても盛り上がりを見せました。

アジアの舞踊団を招いてＪＡＤＥ国際舞踊フェスティバル公演を開催

石井漠の生涯、作品に

1993（平成5）年8月に開かれたアジア国際舞踊フェスティバル（JADE＝ジェイド）の能代公演では、能代市芸術文化協会が主体となって三種町出身の舞踊家・石井漠（1886～1962年）の生涯をテーマにしたオリジナル舞台作品「石井漠から現代へ～」を発表しました。

当時、漠が亡くなって既に30年余り経っていて、本人より「大いなる秋田」を作曲した長男の歓（かん）氏（故人）の方が知られていました。ですから公演を機に、海外の人だけではなく、地元の人にも漠の足跡や業績を知ってもらいたいと思ったのです。

企画と構成を担当することになった私は、漠の下で学んだ恩師・宮崎（旧姓高根）喜美子先生らに話を聞いたりして構想を練りました。そうして三種町下岩川の丘の上にたたずむ少年忠純（ただずみ）（漠の本名）のシーンから始まる創作舞踊を完成させました。

この創作舞踊に続き、漠の代表作「山を登る」と「アニトラの踊り」も披露しました。

いずれも漠のお気に入りで、存命中は自分か、自分が認めたダンサーしか踊ることを許さなかったそうです。再演に当たり、歓氏の奥さんで、漠の弟子である石井はるみさん（故人）に指導を仰いだところ、私たちの申し出を快諾。東京のはるみ先生のスタジオでレッスンをしてくれることになりました。

「山を登る」は、とてもシンプルな踊りです。男と女が舞台の下手（左）から上手（右）へ、また上手から下手へと動きながら山を登る情景を演じます。最初は元気に、やがて疲れて女が倒れ、男が抱き起こして再び登り始める。最後に頂上にたどり着き、登ってきた道を見下ろして幕に

石井漠没後50年の記念公演で訪れたはるみさん（左）と＝2012年、能代市文化会館

なる。何となく人生と重なりませんか。

当日は会場の能代市文化会館のロビーに石井漠の写真パネルを設置しました。その一部は今、三種町の山本ふるさと文化館の石井漠メモリアルホールに飾られています。

「難物」だった野外劇

1990年代は地方の文化活動がとても盛んでした。アジア国際舞踊フェスティバル（JADE＝ジェイド）のように文化団体がイベントを主催する一方、自治体が主体となって文化事業や公演を実施することも多かったと思います。このうち琴丘町（現三種町）の縄文ページェント（野外劇）「琴の湖（うみ）」には、私も振り付けと踊りの指導役として協力を求められました。

〈縄文ページェントは1995（平成7）年、町制40周年を記念してスタート。羽後町出身の作曲家・仙道作三さんが総監督を務め、縄文をテーマにした「縄文編」と町内に古くから伝わる伝統芸能による「民俗編」で構成。2012年で終了〉

町の総合運動公園に幅30メートル、奥行き16メートルという野外ステージを造り、町民1100人が参加するという大きなイベントでした。町の実行委員会は4年前から準備を進めていたそうで、私が振り付けを打診されたのも本番の3年ほど前。随分入念に準備するんだなあと思いましたが、やがて楽譜が届き、練習が始まるとがくぜんとしました。音楽はほぼ和太鼓で、メロディーがほとんどなかったからです。

仙道先生から、縄文人たちが鳴り響く太鼓の音に合わせて神に踊りをささげる―というイメージを聞き、求められていることは理解できました。でも同じような太鼓のリズムが続くため振り付けが変わるポイントがなかなかつかめないのです。振り付けする私も戸惑いましたし、出演者も踊るのはこれが初めてという人ばかり。でも皆さん本当に熱心で、繰り返し音楽を聞き、微妙な拍子の変化を聞き分けるようになりました。

縄文ページェントの出演者と（右から2人目）＝1997年

縄文ページェントは私が関わった仕事の中でも最も難物でしたが、やって良かったと思います。いつも同じ事ばかりしているのは性に合いませんから。この後も国民体育大会、全国植樹祭、国民文化祭と、秋田で大舞台に出るチャンスがあるたび積極的に手を挙げてきました。

■創作の魅力は尽きず

ベストメンバー求め

板をなめるように一心不乱に彫り続ける版画家。やがて作品に彫り込まれた女性たちが現れて群舞を始め、版画家も一緒に踊りだす――。

そんな構想から生まれたのが、2005（平成17）年の現代舞踊フェスティバル（現代舞踊協会主催）で発表した「志功彫る～風聞の群像」です。青森県出身の版画家・棟方志功（1903～75年）がテーマでした。

フェスティバルに出場できるのは、相応の実力があるとして選抜された十数団体。いつもなら目の前の生徒たち（素材）を生かす作品づくりをするのですが、この時ばかりは作品で勝負します。頭に浮かんだ構想を実現するためにふさわしいダンサーを選ぶのです。

志功役をお願いしたのは、能代市で長年演劇活動に携わっている伊藤洋文さんです。ダンサーではありませんが、演劇活動で培った演技力と、何より「踊り心」がありました。これまでに親鸞役やゴッホ役などを演じてもらったことがあります。また群舞ではスクール生のほか、大川妙子さん（東京）ら中央で活躍する卒業生や、友人が主宰する舞踊団体にも客演をお願いしました。

でも当日朝、会場の新国立劇場（東京都渋谷区）に着くと、舞台装置が届いていないハプニングが。装置は吊り物と呼ばれる巨大な布で、これに志功の作品を映し出す演出を考えていたのです。劇場のスタッフが大慌てで捜したところ、同じ敷地内のオペラ劇場で見つかりました。冷や汗をかきましたが、舞台そのものは大成功で、出場した14団体の中で唯一、賞（優秀賞）を頂いたのです。静と動の対比を

「志功彫る～風聞の群像」より＝2005年（新国立劇場）

生かした群舞の構成と、志功になりきった伊藤さんの踊りは大評判でした。評論家の方にも「あのダンサーは誰だ」と聞かれたほど「はまり役」でした。

地方には男性や大人の踊り手が少ないのが悩みです。せっかく育てても、ほとんどの生徒が大学進学などで中央に出てしまいますから。

「風聞の群像」の一場面

水の精演じた植樹祭

2008（平成20）年6月14日朝、北秋田市の北欧の杜公園に到着し、バスから降りた途端、地面が大きく揺れました。岩手・宮城内陸地震でした。当初は被害状況がよく分からず、翌日の全国植樹祭が予定通り行われるのかが気になりました。

本県で40年ぶりに開催される植樹祭で、私たちは式典アトラクション「秋田の森・川・海～豊かな恵みの循環」に出演しました。きっかけは前年の秋田わか杉国体のオープニングアトラクション。大きな布を使って「日本海」をテーマにした作品を発表したのを、植樹祭式典の演出監督だった那珂静男さん（秋田市）が見て声を掛けてくれたのです。

国体が終わって間もなく、植樹祭に向けた練習と準備が始まりました。県内各地で湧いた水が川を流れて海に達し、蒸発して雨となり再び大地に戻る――。那珂さんから提案された循環のイメージを基に、長女の絵里奈と振り付けを考えました。アトラクションに出演するのは、私のバレエスクールのメンバー27人と北秋田市の小学生たち200

人超。川を模した青い布のパフォーマンスも盛り込み、小学生たちに演じてもらいました。

　水の精となったうちの生徒たちは本番の踊りだけではなく、会場のスクリーンに映し出す映像にも登場しました。本番数カ月前から数人ずつ分かれて早朝の田沢湖や六郷の湧水、鳥海山の元滝などでロケを実施。腰まで水に漬かったりしながら、さまざまなシーンを撮影しました。白神山地では小さい虫がいっぱいいて、踊っていると口の中に入ってくるんです。でも笑顔で踊り切ったので、那珂さんやカメラマンの方からお褒めの言葉を頂きました。

　植樹祭当日は晴天に恵まれ、式典も滞りなく執り行われました。天皇・皇后両陛下の目の前で全力で

式典後、生徒たちに囲まれて（中列中央）＝2008年

踊り切った生徒たちの姿を遠くから眺めていた私は、これまでのことを思い出して胸がいっぱいになりました。

70年ぶり弟子が再会

三種町出身の舞踊家・石井漠は1962（昭和37）年、75歳で亡くなりました。漠の晩年の舞台を見たことがあります。「人間釈迦」の全国巡業で県内でも公演を行ったのです。私は舞台袖にいました。漠の視力はほとんど失われていて、舞台袖に戻ってきた漠をお弟子さんが支えていたのを覚えています。

2012（平成24）年10月、漠の没後50年を記念する公演が能代市で開かれました。台湾の舞踊家・李彩娥（りさいが）先生の「漠先生の故郷に行きたい」という一言がきっかけ。台湾の人間国宝でもある李先生は10代のころ、漠の下で学んでいたのです。

初めて李先生の要望を伝えられた時は、正直迷いがありました。約20年前に関わったアジア国際舞踊フェスティバル（JADE＝ジェイド）では、国内、県内でも実行委員会が組織されましたけど、今回は私が企画し、全ての責任を持つわけですからプレッシャーの重さが違います。でも李先生の思いを受け、「石井漠が結ぶ秋田と台湾」実行委員会を組織しました。

台湾から李先生一行を迎え、秋田市でレセプション、三種町でシンポジウム、能代市で公演…。本当に大変で、取り組んだことを途中で後悔したりもしましたが、いずれも大成功でした。そしてもう一つ、とてもうれしいことがありました。私がかつて師事した宮崎（旧姓高根）喜美子先生（八峰町八森）と李先生が約70年ぶりの再会を果たしたのです。２人は戦前、漠の門下生として修業に励んだ者同士。会場で抱き合う２人を見て私も胸が熱くなりました。李先生はその後、国民文化祭や今年開かれた国際ダンスフェスティバル「踊る。秋田」にも参加。漠が結んだ縁の強さを感じます。

ところで漠はどんな先生だったのでしょう。宮崎先生によると、作品に対する姿勢は

約70年ぶりに再会した李先生（左）と宮崎先生＝2012年

とても厳しく、怒鳴ったり、テーブルをひっくり返すこともあったとか。半面人情家で、いつも人が周りに集まってきたそうです。

石井漠作品「機械は生きている」

秋田県でも国民文化祭

これまでには秋田県からの推薦をいただいて広島、山口、静岡、山梨など各県の「国民文化祭」に参加してきました。そして、それぞれの県民の皆さんから温かな歓迎を受ける貴重な体験を積み重ねてきました。

その国民文化祭が２０１４年、秋田県で開催されることになり、県内関係者の説明会や準備会議といった集まりに幾度となく出掛け、秋田の生んだ舞踊家・石井漠や現代舞踊について発言してきました。ただ、石井漠について一般の方たちがほとんど知らないことに驚きましたけれど…。

２０１２年には台湾から李彩娥先生（石井漠直弟子の舞踊家で台湾の人間国宝）一行を客演に招いたことがあります。そのつながりから「第29回国民文化祭・あきた２０１４」では私が企画委員長を引き受け、現代舞踊の祭典「石井漠から未来へ」を上演しました。この舞台には李先生をはじめ石井漠門下の方々とともに、全国舞踊コンクールで知り合った北九州、四国、静岡、東京など日本のトップレベルの先生方や舞踊評論家がおいでくださいました。そして地元である本県グループの合同作品も充実した出来栄えとなり、素晴らしい舞台づくりが出来ました。

この同じ年に、もう一つの事業として企画した「秋田に集まれ！ 児童舞踊の仲間」は、現代舞踊の祭典より一カ月早く開催。能代市の会場に東京、宮城、岩手などの児童舞踊の優れた団体に来ていただき、本県出身の作曲家・成田為三の作品を中心とした舞踊を発表してもらいました。

終演後は、県外から訪れた子どもや先生方を、バレエスクールの知人たちがボランティアで「おなご

「国民文化祭・あきた2014」「現代舞踊の祭典」と「秋田に集まれ！ 児童舞踊の仲間」を企画

りフェスティバル」開催中の市内を案内してくれました。また、発表会の打ち上げでは、バレエスクールのお母さんたちがババヘラアイス屋さんに扮するなど、子どもたちに秋田の楽しさを満喫してもらいました。子どもたちは口々に「秋田がすっかり大好きになった」と喜んでくれたことを今でも思い出します。

こうした二つの全国レベルの行事の責任者の一人として、苦労はいろいろありましたが、私自身にとっては感動いっぱいの思い出であり、とても大きな〝人生の宝物〟になりました。

バトンタッチは大変

２０１５年、文部科学省から地域文化功労者表彰を頂きました。長年の現代舞踊の指導や地域文化の振興に対するもので、周囲もとても喜んでくれました。

振り返るといろんな声が聞こえてきます。「異を立てよ」とは東京時代に師事した江口隆哉（たかや）先生の言葉。現代舞踊家ならば、他人と違うことをやれと教えられました。「１歩先を行け。２歩は行くな」と言っていたのは父。個性を出しつつも大衆性を失うなというアドバイスでした。「必ず明るい場所に出る」と私を励まし続けた母も１９９７年、82歳で亡くなりました。

自分なりに舞踊の道を歩んできましたが、ここまで来られたのは世間知らずの私を温かく見守ってくれた方々、そして目標になる素晴らしい先生方がいたからこそと思います。

でもこれからは厳しい時代になるかもしれません。少子化が進む上、学校に塾にと忙しく、昔のようにとことん踊るという雰囲気ではなくなりました。今の子どもたちは勉強ができて理性的だけど、その分、感情を表現するのが苦手。思いを表現するのが踊りなので、もっと自分を出してほしいなと思います。

20歳で開設したバレエスタジオも、そろそろバトンタッチを考えなければなりません。実際のところ、今の指導の中心は長女の絵里奈と若いスタッフたちです。「近いうちにあなたたちに任せるわ」と言うのですが、そのたびに娘に「無理、無理。絶対口を出す」と返されてしまいます。確かにその通りで、指導を見ていると「ここは褒めなきゃ」「あれを注意しないでどうするの」と落ち着かない。でも

スタッフたちと（左から２人目）＝2016年、スタジオで

若い時のように体が動くわけではなく、結局言うだけ言って自室に戻って来てしまう。60年もずっとスタジオにいたので、ここを離れる自分が想像できないんですね。若い人にうるさがられながらも口を出す、そんな日々がもうしばらく続くかもしれません。

全国舞踊コンクール優秀指導者賞の受賞式で

発表会を終えて（2016年）

本書は秋田魁新報の連載記事「シリーズ　時代を語る」（２０１６年10月31日〜12月11日）を一冊にまとめたものです。一部加筆・修正しました。（聞き手＝藤原佐知子）

年譜

棚橋鮎子　略年譜

1937(昭和12)年	9月11日、父・義雄と母・タケの長女として能代港町(現能代市)に生まれる
1940(昭和15)年	渟城幼稚園に入園
1943(昭和18)年	国民学校に入学
1945(昭和20)年	高根喜美子に師事
1949(昭和24)年	戦争で中断の全国舞踊コンクール再開(第6回)
1950(昭和25)年	能代第一中に入学
	江口隆哉「プロメテの火」初演
1951(昭和26)年	江口隆哉「日本の太鼓」初演
1953(昭和28)年	能代北高に入学

1955（昭和30）年　わらび座が秋田に拠点を置くマーサ・グラハム舞踊団が初来日
1956（昭和31）年　上京して江口隆哉・宮操子に師事
1957（昭和32）年　　小沢恂子のもとで韓国舞踊を始める
　ボリショイ・バレエ団が日本公演
1958（昭和33）年　帰郷して「たなはしあゆこ舞踊研究所」を開設、第1回発表会
　ニューヨーク・シティ・バレエ団来日
1959（昭和34）年　わらび座との交流始まる
1960（昭和35）年　晴生と結婚
1961（昭和36）年　わらび座の関西・四国巡業に参加
　父義雄死去
　石井漠死去
1963（昭和38）年　長女絵里奈誕生。木村百合子が指導

1964（昭和39）年　全国舞踊コンクールで初の準入賞
1966（昭和41）年　次女はるひ誕生
1967（昭和42）年　革命50周年記念芸術祭視察で訪ソ
1970（昭和45）年　三女さゆり誕生。発表会を休止
1976（昭和51）年　スタジオ新築
1977（昭和52）年　江口隆哉死去
1978（昭和53）年　「たなはしあゆこバレエスクール」に改称
1979（昭和54）年　県芸術祭で「緑のモザイク」発表
1980（昭和55）年　能代市文化会館落成
「緑のモザイク」で県芸術選奨
能代ミュージカル始まる
1981（昭和56）年　イタリアへ取材
1982（昭和57）年　能代市文化功労章

1983（昭和58）年	日本海中部地震
1986（昭和61）年	第1回モスクワ日本祭に参加
1987（昭和62）年	ニューヨークを視察
1988（昭和63）年	区画整理事業でスタジオと自宅を新築移転
1990（平成2）年	現代舞踊フェスに初出場。女流展開催。秋田県芸術文化章。
1991（平成3）年	北九州&アジア舞踊コンクール審査員
1992（平成4）年	現代舞踊フェスティバルで「ひまわり」発表、読売新聞等で高い評価
1993（平成5）年	「アジア国際舞踊フェスティバル'93」で「石井漠から現代へ〜」上演
1994（平成6）年	琴丘町の野外劇「縄文ページェント」の振り付け指導を始める
1995（平成7）年	第1回縄文ページェント。全国舞踊コンクールで入選
1997（平成9）年	母タケ死去
	秋田県合同公演主管（能代市）
2000（平成12）年	秋田市にフラメンコスタジオ開設（指導・棚橋絵里奈）

2001(平成13)年　「第15回国民文化祭ひろしま」参加
2002(平成14)年　わらび座創立50周年(「アテルイ」公演)
　　秋田県文化功労章
2005(平成17)年　現代舞踊フェスティバルで最高賞の優秀賞(「風聞の群像」新国立劇場)
2006(平成18)年　「秋田わか杉国体」オープニングイベントに参加
　　全国舞踊コンクール優秀指導者賞
2008(平成20)年　「第21回国民文化祭やまぐち」参加
　　「第59回全国植樹祭」オープニングアトラクション「水と森の精」
　　群舞振り付けと参加
2009(平成21)年　「第24回国民文化祭しずおか」参加
2011(平成23)年　東日本大震災
　　東京でのボランティア公演に参加、被災児童に寄付金

２０１２(平成24)年　台湾より李彩娥先生一行を招き、秋田市でレセプション
三種町で李先生を講師にシンポジウム
「県民ミュージカル・白瀬中尉物語」にわらび座と共に参加
能代市文化会館で「石井漠が結ぶ秋田と台湾」公演
２０１３(平成25)年　「第28回国民文化祭やまなし」参加
２０１４(平成26)年　「第29回国民文化祭・あきた２０１４」のイベント「現代舞踊の祭典」並びに「秋田に集まれ！　児童舞踊の仲間」を企画・成功させる
２０１５(平成27)年　文部科学省から地域文化功労者表彰
２０１６(平成28)年　ミュージカル「アンデルセン物語」を発表
２０１７(平成29)年　「あきたねんりんピック」開会式イベントを絵里奈が振り付けし、生徒全員が参加
２０１８(平成30)年　スタジオ設立60周年

【全国舞踊コンクール】（東京新聞主催）

1961年（第18回）　入選「雪と少女」「舟うた」「ラデッキーマーチ」

1964年（第21回）　上位入賞「つると少年」

1968年（第25回）　入選「馬っこのまつり」

1969年（第26回）　入賞「木馬の夢」

入選「鳩舎にて」「星への飛行」「戦うコンドル」「アポロ・ジュニア」「水面にて」「調子をそろえてクリックリックリッ」

1973年（第30回）　入賞「つるの帰る日」

1974年（第31回）　入選「スイトピーの午後」「黄水仙」「ガラス細工の蝶」

1975年（第32回）　入選「青麦の頃」「初冬のばら」

1976年（第33回）　入選「からたち」

1977年（第34回）　入賞「羽化の頃」　入選「木目込人形」

1978年（第35回）　入賞「二月のフレーズ」

1979年（第36回）　入賞「潮風の声」　入選「グリーンピース・ポン」
1980年（第37回）　入選「赤い毛糸」「イスのある風景」
1981年（第38回）　入選「少年合唱団」「水仙芽を吹く」
1982年（第39回）　入賞「マスカット園の朝」
　　　　　　　　　入選「りんごの木にかくれんぼ」「追憶の中の人形達」
1983年（第40回）　入選「かもめのように」
1985年（第41回）　入選「花とマリオネット」「ピエロ達の時間」
1999年（第56回）　入選「満員御礼～まねき猫」
2002年（第59回）　入賞「魔法の本を読んでいたら」
2003年（第60回）　入選「りんご園にどうぞ」
2004年（第61回）　入選「北京好日」
2006年（第63回）　第2位「棘あるばらと月」
2007年（第64回）　入選「こわれた羽根の天使」

２００９年（第66回）　入選「水辺のレダ」
入賞「光の詩」
２０１０年（第67回）　入選「春の絵本」
入賞「雪明かりの孤独」
入選「メモリアルツリーはりんごの木」
２０１４年（第71回）　入賞「because～空が青いからバラが泣く」
２０１５年（第72回）　入賞「ゴーシュの部屋」
入賞「朝顔につるべとられて…」
２０１６年（第73回）　入賞「いいものみつけた」
２０１７年（第74回）　入選「雪原のトモダチ」

【その他の全国コンクール】

１９９１年　北九州&アジア全国洋舞コンクール
入選「ふりかえると」「タンポポの季節」「ブナの森で」

２００９年　ヨコハマコンペティション
第２位「光の詩」

２０１３年　あきた全国舞踊祭モダンダンスコンクール
第１位「because ～空が青いからバラが泣く」

２０１６年　ヨコハマコンペティション
赤い靴賞「朝顔につるべとられて…」

２０１７年　こうべ全国洋舞コンクール
敢闘賞「濡羽の娥」

２０１８年　こうべ全国洋舞コンクール
入賞「ポエジー　１㎜の想い」

あとがきにかえて

一昨年（2016年）の暑い夏も終わろうとしているころ、秋田魁新報社から「時代を語る」に登場してほしいとの取材申し込みがありました。このシリーズは以前から拝読し、県内の先輩女性たちが第二次世界大戦を挟んだ、テレビドラマ以上にドラマチックな半生に心打たれておりました。

それだけに、とても有り難いこととはいえ、「私でもいいのかしら」という戸惑いがありました。まして何十年にもわたる仕事と娘三人の子育てで夢中だった日々の中で、自分史づくりに必要なさまざまな記録を整理してこなかったことで「どうしよう」という困惑も加わり、しばらく悩みました。

そんな中で夫は「頑張ってみたら」と言ってくれました。そのことに加えて、毎年1回の発表会のプログラムの束が残っていたこと、40周年の発表会の際に平野庄司さん

（藤里町の切り絵作家、故人）と佐々木兵衛さん（三種ミュージカルのメンバー）たちが「どんなに忙しくても、記録はちゃんと残しておかなければ」と言って40年の年表を記録誌としてまとめてくれていたことが大きな励みになりました。

それで取材を受けることにしましたが、インタビュー形式で私のとりとめもない思い出話をまとめてくださることになったのが、藤原佐知子さんという才能豊かな美人記者だったことも大きな魅力でした。藤原さんが取材に来てくれるたびに、さっと新しい風を運んできてくれるようで、何だか楽しくなりました。

1937（昭和12）年、能代のこの地に産声を

（一社）現代舞踊協会より「現代舞踊フェスティバル優秀賞」受賞（植木会長と）

上げてからざっと80年、仕事を始めてから60年にもなるのですから、写真は山ほどあるものの、舞台写真や子どもの写真など段ボールにごちゃ混ぜのままだし、記憶の糸はあいまいに絡んだままなので、自分の中で整理するのは大変でした。でも、藤原さんはきちんと年表を整えてくれ、私の記憶違いも正してくださいました。そして最もふさわしい表現を一緒に考えてくれました。そんなことから1章、1章が出来上がっていく充実感に満たされるようになりました。

さらに、読者の方がお電話やお手紙をくださったり、声を掛けてくださいました。そのような反響に驚きつつも、とても嬉しく思いました。こうしたチャンスをくださった秋田魁新報社には感謝の気持ちでいっぱいです。

ダンス、舞踊の創作は空中や水面に絵を描くような仕事であり、60年間創作を続けてきても「ほら、苦労したけれど、私のお気に入りの作品よ」と皆さんにそれを見ていただくことが出来ません。悲しいかな、時と共に消えてしまう芸術です。その意味でも、今このような形で記録を残し、自分の足取りを振り返る時間を持てたことは大変に意義深く貴重なことでした。

最後になりますが、長い年月の流れの中で出会い、ご縁があってお世話になった方々の温顔を思い浮かべつつ、厚い感謝の気持ちを込めて擱筆といたします。

2018年8月

棚橋　鮎子

〝踊りごころ〟につき動かされ
――モダンダンス創作ひと筋に

定　　価	本体 800円＋税
発 行 日	2018年8月8日
編集・発行	秋田魁新報社
	〒010-8601　秋田市山王臨海町1－1
	Tel. 018(888)1859
	Fax. 018(863)5353
印刷・製本	秋田活版印刷株式会社

乱丁、落丁はお取り替えします。
ISBN978-4-87020-402-7　c0223 ¥800E